여러분의 합격을 응원

해커스공무원의

KB148351

책

단기 합격을 위한
해커스공무원 커리큘럼

입문
▼

탄탄한 기본기와 핵심 개념 완성!

누구나 이해하기 쉬운 개념 설명과 풍부한 예시로 부담없이 쌩기초 다지기
TIP 베이스가 있다면 **기본 단계**부터!

기본+심화
▼

필수 개념 학습으로 이론 완성!

반드시 알아야 할 기본 개념과 문제풀이 전략을 학습하고
심화 개념 학습으로 고득점을 위한 응용력 다지기

기출+예상 문제풀이
▼

문제풀이로 집중 학습하고 실력 업그레이드!

기출문제의 유형과 출제 의도를 이해하고 최신 출제 경향을 반영한
예상문제를 풀어보며 본인의 취약영역을 파악 및 보완하기

동형문제풀이
▼

동형모의고사로 실전력 강화!

실제 시험과 같은 형태의 실전모의고사를 풀어보며 실전감각 극대화

최종 마무리
▼

시험 직전 실전 시뮬레이션!

각 과목별 시험에 출제되는 내용들을 최종 점검하며 실전 완성

PASS

**단계별 교재 확인 및
수강신청은 여기서!**

gosi.Hackers.com

* 커리큘럼 및 세부 일정은 상이할 수 있으며,
자세한 사항은 해커스공무원 사이트에서 확인하세요.

해커스공무원

황진선
이해국어
문법 필기노트

해커스

합격을 향한 긴 학습 여정에
황진선 이해국어가 이정표가 되어드리겠습니다.

저는 앞으로 여러분과 함께할 학습 여정에 큰 기대를 걸고 있습니다.
이 교재는 여러분이 원하는 목표를 달성할 수 있도록 돕기 위해 세심하게 준비되었습니다.

학습의 과정은 때때로 도전적일 수 있지만, 이 교재를 활용하여 열심히 배우고 익힌다면
그 가치가 충분히 있을 것이라 믿어 의심치 않습니다.
이 교재는 2025 공무원 시험에 대비하여 효율적으로 학습할 수 있도록
필요 없는 내용은 덜어내고 꼭 학습해야 하는 필수적인 이론 내용으로 구성되어 있습니다.
또한 2025 시험 유형에 맞는 다양한 연습 문제를 통해 실질적인 이해를 돕고자 합니다.
이 교재를 활용하는 여러분은 실용적이고 체계적으로 이론을 학습하고,
스스로 문제를 해결할 수 있는 능력을 키울 수 있을 것입니다.

『해커스공무원 황진선 이해국어 문법 필기노트』는
1. [신유형 적중 예상문제]를 통해 변화하는 공무원 국어 출제 기조에 완벽하게 대비할 수 있습니다.
   공무원 9급 출제 기조 변화를 충분히 반영한 지문형 문법 문제를 풀어보면서 낯선 신유형 문제풀이 감각을
   익힐 수 있습니다.

2. 반드시 알아야 할 핵심 문법 이론으로 빠른 문제풀이를 돕는 배경지식을 쌓을 수 있습니다.
   술술 읽히는 핵심 문법 이론을 통해 단기에 효율적으로 문법을 학습할 수 있습니다.

3. 중요한 내용을 중점적으로 학습할 수 있는 알찬 학습 요소를 제공합니다.
   선생님만의 문법 특급 비법을 수록한 [진선쌤 TIP], 문법 이론을 더 깊게 학습할 수 있는 [심화 학습], 이론의
   이해를 돕는 부연설명을 정리한 [포스트잇]을 통해 보다 쉽고 효율적인 문법 학습이 가능합니다.

여러분의 꾸준한 노력이 이 여정을 더욱 의미 있게 만들어 줄 것입니다.
하나씩 익혀 나가며 성취감을 느끼고, 여러분의 목표에 한 걸음 더 가까워지기를 바랍니다.

여러분의 성공적인 학습을 기원합니다! 감사합니다.

2024년 9월
황진선 드림

해커스공무원 황진선 이해국어 **문법 필기노트**

목차

이 책의 활용법 6

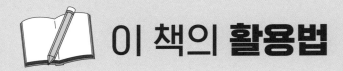

이 책의 **활용법**

1 필수 핵심 이론으로 문법 배경지식 완성!

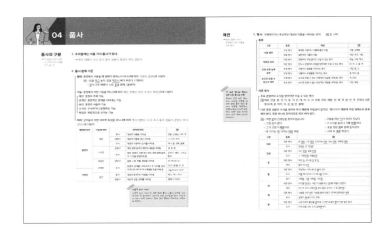

방대한 국어 문법 중에서 필수적으로 알아야 하는 문법 핵심 포인트들만 모아 필기노트 형태로 이론을 수록하였습니다. 술술 읽히는 핵심 문법 이론을 통해 단기에 효율적으로 문법을 학습할 수 있습니다.

2 이해를 돕는 다양한 학습장치로 학습 효율 극대화!

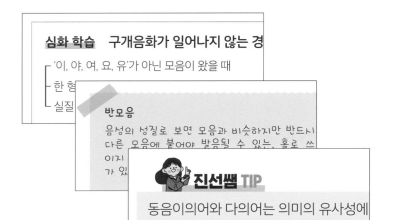

심화 학습
문법 이론을 좀 더 쉽고 깊게 학습할 수 있도록 심화 이론을 수록하였습니다. 학습 상태에 맞게 선별적으로 심화 이론을 학습한다면 고득점에 달성할 수 있습니다.

포스트잇
이론의 이해를 돕는 부연설명을 포스트잇 요소로 직접 정리하여 쉽고 편리한 학습이 가능합니다.

진선쌤 TIP
황진선 선생님만의 문법 특급 비법으로 중요한 개념을 쉽고 빠르게 익힐 수 있습니다.

3 지문형 문법 문제로 낯선 신유형 완벽 대비!

신유형 적중 예상문제

2025년부터 적용되는 공무원 9급 출제 기조 변화에 따라 지문형 문제로 출제될 신유형 문법 문제를 단원별로 수록하였습니다. 이론 학습 후 문제를 바로 풀어보면서 학습한 이론을 점검함과 동시에 낯선 신유형 문제풀이 감각까지 함께 익힐 수 있습니다.

4 술술 읽히는 상세한 해설로 문법 완전 정복!

정답의 근거뿐만 아니라 오답의 이유까지 상세하게 설명해 주는 알찬 해설을 모든 문제에 수록하였습니다. 선지에 대한 깊은 분석을 통해 문제풀이 감각을 최대로 끌어올릴 수 있습니다.

PART 1
이론 문법

언어의 특징

1. 기호성: 언어는 음성과 뜻이 결합하여 나타나는 기호 체계이다.

> 예 음성: [해] → 뜻: 해 → 음운: ㅎ, ㅐ

2. 자의성: 언어의 의미(내용)와 말소리(형식) 사이에는 필연적인 관계가 없다.

> 예 • 꽃 - 한국어: 꽃, 영어: flower   • 동음이의어·다의어가 존재한다.

3. 사회성: 언어는 사회적 약속으로 굳어진 것이므로 개인이 임의로 바꿀 수 없다.

> 예 유럽에서 한국말로 말하면 유럽 사람들은 알아듣지 못한다.

> **심화 학습**   **자의성 vs 사회성**
>
> 언어가 형성될 때는 '자의성'이, 소통에 사용될 때는 '사회성'이 적용된다.
> 예 • 프랑스 사람들은 침대를 '리'라고 부르고, 미국 사람들은 '베드'라고 부른다. → 자의성
>   • 프랑스에 가서 침대를 가리키며 '베드'라고 하니 알아듣지 못한다. → 사회성

4. 역사성: 언어는 시간이 지나면서 새로 만들어지기도 하고, 변화하기도 하고, 없어지기도 한다.

> 예 • 자동차, 전화, 우주선, 햄버거 (생성)
>   • 영감: 벼슬아치 → 나이 많은 사람 (변화)
>   • 즈믄 → 천 (소멸)

5. 분절성: 언어는 여러 단위로 나누어지거나 결합할 수 있으며, 연속적으로 이루어져 있는 세계를 불연속적인 것처럼 끊어서 표현한다.

> 예 • 언어는 문장, 단어, 형태소, 음운으로 나눌 수 있고, 음운을 결합하여 형태소, 단어를 만들 수 있다.
>   • 무지개 색깔 → 빨, 주, 노, 초, 파, 남, 보

6. 추상성: 구체적인 대상에서 공통적인 요소를 뽑아 일반적인 개념으로 파악하는 것이다.

> 예 • 진달래, 개나리, 목련 (구체적인 대상) → 꽃 (일반적인 개념)

7. 규칙성: 언어의 구조(음운, 단어, 문장, 이야기)는 일정한 규칙과 체계로 짜여 있다.

> 예 • 동생이 회사에 간다. / 아버지께서 회사에 가신다. → 주격 조사와 선어말 어미로 주어를 높인다.

8. 창조성: 언어는 상황에 따라 새로운 말들을 만들어 표현할 수 있다.

> 예 ㄱ, ㅁ: 가마, 가뭄, 개미, 건물…

국어의 분류

1. **첨가어(교착어):** 조사, 어미 등 문법적인 기능을 가진 요소가 실질적인 의미를 가진 단어나 어간에 차례로 결합함으로써, 문장 속에서 문법적인 역할이나 관계의 차이를 나타내는 언어이다.

   예 철수가 책을 읽었다. → '가'와 '을'은 앞말이 주어, 목적어임을 나타내는 조사이고, '-었-'은 과거를 나타내는 어미이다. 이처럼 국어는 조사와 어미를 통해 문법적 기능을 나타낸다.

   > **굴절어**
   > 어형과 어미의 변화로 문장 속에서 단어가 가지는 여러 관계를 나타내는 언어로, 라틴어, 영어, 불어 등이 이에 속한다.
   > 예 drive(현재) - drove(과거) - driven(과거 분사)

2. **알타이 어족:** 국어는 계통상 알타이 어족에 속할 가능성이 높지만 아직은 가설 단계이다.
   └ '알타이'라는 명칭은 이들 언어를 사용하던 민족이 분열하기 전의 거주지가 알타이산맥 부근이었다는 가설에서 유래되었다.

   > **알타이 어족 특징**
   > • 모음 조화 현상이 있다.
   > • 어두에 자음군이나 유음이 오는 것을 피한다.
   > • 교착성을 보여 준다.
   > • 모음 교체 및 자음 교체가 없다.
   > • 관계 대명사 및 접속사가 없다.

국어의 음운상 특질

1. **음운 대립:** 예사소리, 된소리, 거센소리의 음운 대립이 존재한다.

   예 ㄱ, ㄲ, ㅋ / ㄷ, ㄸ, ㅌ / ㅂ, ㅃ, ㅍ / ㅈ, ㅉ, ㅊ

2. **마찰음의 수:** 국어의 마찰음은 'ㅅ, ㅆ, ㅎ'으로, 다른 언어에 비해 많지 않다.

3. **음절의 끝소리 규칙:** 음절의 끝에서는 'ㄱ, ㄴ, ㄷ, ㄹ, ㅁ, ㅂ, ㅇ' 7 자음만이 발음될 수 있다.

   예 부엌[부억], 밖[박], 눈[눈], 밭[받], 꽃[꼳], 일[일], 감나무[감나무], 잎[입], 공부[공부]

4. **두음 법칙:** 단어의 첫소리에 둘 이상의 자음이나 'ㄹ, ㄴ'이 오지 않는다.

   예 꿈 → 꿈 / 로인(老人) → 노인 / 녀자(女子) → 여자

5. **모음 조화:** 두 음절 이상의 단어에서 'ㅏ, ㅗ' 등의 양성 모음은 양성 모음끼리, 'ㅓ, ㅜ' 등의 음성 모음은 음성 모음끼리 결합하려는 현상이다. 주로 용언의 어간과 어미의 결합, 의성어, 의태어에서 볼 수 있다.

   예 잡아 - 잡아서 / 접어 - 접어서 / 깡충깡충 - 껑충껑충

국어의 어휘상 특질

1. 삼중 체계: 고유어, 한자어, 외래어

고유어

- 감각어(색채어, 미각어, 촉각어)가 발달하였다.
  - 예 빨갛다, 불그스름하다, 불그레하다, 쌉싸래하다, 달콤새큼하다, 따스하다, 뜨뜻미지근하다
- 상징어(의성어, 의태어)가 발달하였다.
  - 예 야옹, 첨벙첨벙, 대롱대롱, 반짝반짝

한자어

- 중국의 한자를 기반으로 만들어진 단어이다.
- 고유어가 표현하지 못하는 빈자리를 대신해 준다.
  - 예 감기(感氣), 식구(食口), 생산(生産), 학교(學校)

고유어와 한자어의 일대다 대응

고유어는 의미의 폭이 넓어서 같은 단어를 여러 상황에 쓸 수 있는 반면, 한자어는 단어의 의미가 고유어보다 세분화되어 있다. 따라서 고유어와 한자어는 일대다 대응 관계가 성립한다.
예 값(고유어) - 가격(價格), 가치(價値), 금액(金額), 대가(代價) (한자어)

외래어: 한자어 외에 다른 언어권에서 들어와서 국어의 일부로 인정된 단어이다.
  - 예 버스, 텔레비전, 커피

귀화어

외래어 가운데 완전히 한국어에 동화되어 고유어처럼 느껴지는 단어
예 빵, 고무, 고구마, 냄비, 메주, 호미, 수수

2. 친족 관계어의 발달: 혈연을 중시하는 문화의 영향으로 친족 관계를 나타내는 어휘가 세분화되고 발달하였다.

  - 예 aunt(영어): 큰어머니, 작은어머니, 이모, 고모

3. 높임말의 발달: 상하 관계가 중시되던 사회 구조의 영향으로 높임 어휘가 발달하였다.

  - 예 생일 - 생신 / 집 - 댁 / 밥 - 진지 / 먹다 - 드시다, 잡수시다

국어의 문법상 특질

1. 형태적 특질

조사와 어미의 발달: 국어는 조사와 어미를 첨가하여 다양한 문법적 기능을 하는 첨가어이므로, 조사와 어미가 다양하게 발달하였다.

예 나는 너를 좋아한다. / 잡아 - 잡아서 - 잡으니 - 잡고

단어 형성법의 발달: 합성법과 파생법이 발달하였다.

예 • 합성법: 검붉다 ('검-' + '붉다' - 어근 + 어근)   • 파생법: 구경꾼 ('구경' + '-꾼' - 어근 + 접사)

단위성 의존 명사의 발달: 수효나 분량 등의 단위를 나타내는 의존 명사가 다양하게 발달하였다.

예 북어 한 쾌(북어 20마리), 오징어 한 축(오징어 20마리)

2. 통사적 특질

주어+목적어+서술어: 국어의 문장은 대체로 '주어+목적어+서술어' 순으로 나타난다. 그러나 조사가 발달하여 어순이 비교적 자유로운 편이다.

예 나는(주어) 밥을(목적어) 먹는다(서술어). → '밥을(목적어) 먹는다(서술어) 나는(주어).'으로 바꾸어도 의미가 크게 변하지 않는 것처럼 어순이 비교적 자유로운 편이다.

수식어+피수식어: 국어의 문장에서 수식어(꾸미는 말)는 대개 피수식어(꾸밈을 받는 말) 앞에 온다.

예 영희는 예쁜(수식어) 꽃(피수식어)을 샀다.

높임법의 발달: 주체 높임, 객체 높임, 상대 높임의 구분이 있다.

주어와 목적어의 중복: 문장에서 주어와 목적어가 중복되어 나타날 수 있다.

예 코끼리가 코가 길다. (주어 중복) / 지현이가 그 책을 두 권을 더 달라고 하였다. (목적어 중복)

국어의 화법상 특질

문장 성분 생략 가능: 상황에 따라 특정 문장 성분을 생략해도 의사소통이 가능하다.

예 "뭐 해?" (주어 생략) "공부." (주어, 서술어 생략)

'우리'를 즐겨 사용: 개인보다 공동체를 우선시하는 사고방식이 반영된 결과이다.

존재 중심의 언어: 국어는 '소유' 중심 언어인 영어와 달리 '존재'를 중시한다.

예 • 그 대학에는 70명의 교수진이 있다. (존재 중심)
• The college has a faculty staff of 70. (소유 중심)

📋 기출 문제 풀이로 핵심 포인트

다음 중 맞으면 O, 틀리면 X 표시하시오.

01. 언어는 문장, 단어, 형태소, 음운으로 쪼개어 나눌 수 있는데, 이는 언어의 추상성과 관련이 있다.

02. 문장 성분의 순서를 비교적 자유롭게 바꿀 수 있는 것은 국어의 형태적 특징이다.

정답 01 X (언어의 분절성과 관련된 특징이다) **02** X (문장 성분의 구성 방식은 국어의 통사적 특징이다)

01 [A]를 바탕으로 추론한 내용으로 적절하지 않은 것은?

2022년 9월 고1 학력평가

　　언어학자인 소쉬르는 '시간은 모든 것을 변화시킨다. 언어라고 해서 이 보편 법칙을 벗어날 리가 없다.'라고 했다. 이처럼 시간의 흐름에 따라 언어가 변화하기도 하는데 이를 언어의 특성 중 역사성이라고 한다. 이러한 언어의 역사성을 의미와 형태 측면에서 살펴보자.

　　단어의 의미 변화 양상에는 의미의 확대, 축소, 이동이 있다. 의미 확대는 단어 본래의 의미보다 그 뜻의 사용 범위가 넓어지는 것이고, 반대로 의미 축소는 본래의 의미보다 그 뜻의 사용 범위가 좁아지는 것이다. 그리고 단어의 의미가 조금씩 달라져서 본래의 의미와 거리가 먼 다른 의미로 바뀌기도 하는데, 이를 의미 이동이라고 한다.

　　단어의 형태 변화는 음운의 변화로 인한 것과 유추로 인한 것 등이 있다. 중세 국어의 음운 중 'ㆍ', 'ㅿ', 'ㅸ' 등이 시간이 지나면서 다른 음운으로 바뀌거나 소실되었는데, 이에 따라 단어의 형태도 바뀌게 되었다. 'ㆍ'는 첫째 음절에서는 'ㅏ'로, 둘째 음절 이하에서는 'ㅡ'로 주로 바뀌었으며 'ㅿ'은 대부분 소실되었고 'ㅸ'은 주로 반모음 'ㅗ/ㅜ'로 바뀌었다. 한편 유추란 어떤 단어가 의미적 혹은 형태적으로 비슷한 다른 단어를 본떠 변화하는 것을 말한다. 과거에 '오다'의 명령형은 '오다'에만 결합하는 명령형 어미 '-너라'가 결합한 '오너라'였으나, 사람들이 일반적인 명령형 어미인 '-아라'가 쓰일 것이라고 유추하여 사용한 결과 현재에는 '아라'가 결합한 '와라'도 쓰인다.

[A]　　이와 같은 역사성뿐만 아니라 언어의 특성에는 언어의 내용인 '의미'와 그것을 나타내는 형식인 '말소리' 사이의 관계가 필연적이지 않다는 자의성, 말소리와 의미는 사회의 인정을 통해 관습적으로 결합되어 있어 그 결합은 개인이 함부로 바꿀 수 없는 약속이라는 사회성, 언어를 통해 연속적인 대상이나 개념을 분절적으로 인식하게 된다는 분절성 등이 있다.

① 경계가 뚜렷하지 않은 '무지개'의 색을 일곱 가지 색으로 구분하는 것은 언어를 통해 대상을 분절적으로 인식하는 것이겠군.

② 동일한 의미의 대상을 한국어로는 '개', 영어로는 'dog'라고 말하는 것은 의미와 말소리의 관계가 필연적이지 않기 때문이겠군.

③ '바다'의 의미를 '나무'라는 말소리로 표현하면 의사소통이 제대로 안 되는 것은 언어가 개인이 함부로 바꿀 수 없는 사회적 약속이기 때문이겠군.

④ '차다'라는 말소리가 '(발로) 차다', '(날씨가) 차다', '(명찰을) 차다' 등 다양한 의미에 대응하는 것은 연속적인 개념을 언어로 나누어 인식하고 있는 것이겠군.

01

정답분석
④ '차다'라는 하나의 말소리가 '(발로) 차다', '(날씨가) 차다', '(명찰)을 차다' 등의 다양한 의미에 대응하는 것은 말소리와 의미의 관계가 필연적이지 않고 자의적임을 보여 주는 언어의 자의성에 해당하는 사례이다.

오답해설
① 언어를 통해 연속적인 대상이나 개념을 분절적으로 인식하는 언어의 분절성에 대한 사례이므로 적절하다.
② 말소리와 의미의 관계가 필연적이지 않음을 보여 주는 언어의 자의성에 대한 사례이므로 적절하다.
③ 말소리와 의미가 관습적으로 결합되어 있어 그 결합은 개인이 함부로 바꿀 수 없는 약속임을 보여 주는 언어의 사회성에 대한 사례이므로 적절하다.

02 다음 글을 통해 추론할 수 없는 것은?

국어는 다른 나라의 언어와 음운적·어휘적·문법적으로 다른 특징을 보이는 것이 많다. 우선 음운의 특징으로는 3항 대립이 있다는 점을 들 수 있다. 3항 대립은 예사소리, 된소리, 거센소리가 대립하는 것을 의미하는데, 가령 'ㄱ-ㄲ-ㅋ', 'ㅂ-ㅃ-ㅍ'이 3항 대립이다. 또한 '여자(女子), 노동(勞動)'처럼 첫소리에 'ㄴ'이나 'ㄹ'이 오지 못하는 것도 국어의 음운적 특징이다. 어휘적인 특징으로는 종류가 고유어, 한자어, 외래어로 구분된다는 것이다. 특히 고유어 계열에서는 감각어와 상징어, 의성어와 의태어가 발달하였다. 또한 상하관계를 중시하던 사회구조 때문에 높임을 뜻하는 어휘와 친족 관계 어휘가 다른 나라에 비해 많다. 마지막으로 국어 문법적 특징으로 교착어로서 조사와 어미가 크게 발달하여서 대부분의 문법적 기능은 이들에 의해 실현이 된다는 점이 있다. 그리고 국어의 문장은 대체로 '주어-목적어-서술어'의 순으로 나타나기 때문에 문장을 끝까지 들어야 뜻을 제대로 이해할 수 있다.

① 영어의 'aunt'가 '고모, 이모, 숙모'로 다양하게 해석되는 이유는 국어가 친족 관계 어휘가 발달했기 때문이겠군.

② 모든 자음이 예사소리, 된소리, 거센소리로 대립하는 것은 국어의 음운적 특징이라고 볼 수 있겠군.

③ 국어의 동사와 형용사가 다른 언어와 다르게 다양하게 활용되는 것은 국어가 교착어라는 문법적 특징을 가지고 있기 때문이겠군.

④ '연세, 진지, 댁, 성함'과 같은 높임말이 발달한 것은 국어의 어휘적 특징이라고 볼 수 있겠군.

02

정답분석

② 모든 자음이 예사소리, 된소리, 거센소리로 대립하지 않는다. 가령, 'ㅅ'의 경우 예사소리인 'ㅅ'과 된소리인 'ㅆ'만 대립할 뿐 이에 대립하는 거센소리가 존재하지 않는다.

02 음운과 음절

음운

개념: 말의 뜻을 구별해 주는 기능을 가진 소리의 가장 작은 단위

> 예 • 강 : 방 → 초성 'ㄱ, ㅂ'에 의해 말의 뜻이 달라진다.
> • 강 : 공 → 중성 'ㅏ, ㅗ'에 의해 말의 뜻이 달라진다.

종류

1) 분절 음운(음소): 마디로 나눌 수 있는 음운으로, 자음과 모음을 가리킨다.

> 자음(19개): ㄱ, ㄴ, ㄷ, ㄹ, ㅁ, ㅂ, ㅅ, ㅇ, ㅈ, ㅊ, ㅋ, ㅌ, ㅍ, ㅎ, ㄲ, ㄸ, ㅃ, ㅆ, ㅉ
> 모음(21개): ㅏ, ㅐ, ㅓ, ㅔ, ㅗ, ㅚ, ㅜ, ㅟ, ㅡ, ㅣ / ㅑ, ㅒ, ㅕ, ㅖ, ㅘ, ㅙ, ㅛ, ㅝ, ㅞ, ㅠ, ㅢ
> → 단모음   → 이중 모음

2) 비분절 음운(운소): 마디로 나눌 수 없는 음운으로, 소리의 길이, 높이, 세기, 억양 등이 있다.

> 표준 발음법에서는 소리의 길이만을 비분절 음운으로 인정하고 있다.
> 예 • 눈:을 보는 눈
> • 말:을 하는 말
> • 밤:을 먹는 밤
> • 성인:이 된 성인

심화 학습	음운의 개수 파악		
음운의 개수를 따질 때는 실제 음성 실현형을 기준으로 한다. 이때 초성 'ㅇ'은 실제 음가가 없으므로 개수에 포함시키지 않는다.			
나무	4개	값	3개
영어	3개	깎아	4개

음절

개념: 한 번에 소리 낼 수 있는 소리의 덩어리(최소의 발음 단위)

> 예 말(ㅁ, ㅏ, ㄹ): 초성 'ㅁ', 중성 'ㅏ', 종성 'ㄹ'이 합쳐져서 '말'이라는 음절을 이룬다.

특징: 우리말을 발음 나는 대로 적었을 때 한 글자가 하나의 음절이다.

국어의 음운 체계

1. 자음

┌ **개념**: 목청을 통과한 공기의 흐름이 막히거나 구강 통로가 좁아져 목이나 입안에서 장애를 받고 나오는 소리

└ **분류**

1) 조음 위치에 따른 분류

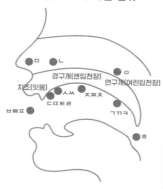

입술소리 (양순음)	두 입술 사이에서 나는 소리 예 ㅁ, ㅂ, ㅃ, ㅍ
혀끝소리 (설단음, 치조음)	혀끝이 윗니의 뒷부분이나 윗잇몸에 닿아서 나는 소리 예 ㄴ, ㄷ, ㄸ, ㅌ, ㄹ, ㅅ, ㅆ
센입천장소리 (경구개음)	혓바닥과 센입천장 사이에서 나는 소리 예 ㅈ, ㅉ, ㅊ
여린입천장소리 (연구개음)	혀의 뒷부분과 여린입천장 사이에서 나는 소리 예 ㄱ, ㄲ, ㅋ, ㅇ
목청소리 (후음)	목청 사이에서 나는 소리 예 ㅎ

2) 조음 방법에 따른 분류

파열음	허파에서 나오는 공기의 흐름을 일단 막았다가, 그 막은 자리를 터뜨리면서 내는 소리 예 ㄱ, ㄲ, ㅋ, ㄷ, ㄸ, ㅌ, ㅂ, ㅃ, ㅍ
파찰음	허파에서 나오는 공기를 막았다가 서서히 터뜨리면서 마찰을 일으켜 내는 소리 예 ㅈ, ㅉ, ㅊ
마찰음	입안이나 목청 사이의 통로를 좁혀, 공기를 그 사이로 내보내 마찰을 일으키면서 내는 소리 예 ㅅ, ㅆ, ㅎ
비음	입안의 통로를 막고, 코로 공기를 내보내면서 내는 소리 예 ㄴ, ㅁ, ㅇ
유음	혀끝을 윗잇몸에 댄 채 공기를 그 양옆으로 흘려보내면서 내는 소리 예 ㄹ

심화 학습　목청의 울림 여부에 따른 분류

울림소리 (발음할 때 목청이 울리는 소리)	ㄴ, ㄹ, ㅁ, ㅇ
안울림소리 (발음할 때 목청이 울리지 않는 소리)	ㄴ, ㄹ, ㅁ, ㅇ 이외의 자음

심화 학습　소리의 세기에 따른 분류

예사소리	ㄱ, ㄷ, ㅂ, ㅅ, ㅈ, ㅎ
된소리	ㄲ, ㄸ, ㅃ, ㅆ, ㅉ
거센소리	ㅋ, ㅌ, ㅍ, ㅊ

3) 국어의 자음 체계

조음방법 \ 조음위치			입술소리	혀끝소리	센입천장소리	여린입천장소리	목청소리
안울림소리	파열음	예사소리	ㅂ	ㄷ		ㄱ	
		된소리	ㅃ	ㄸ		ㄲ	
		거센소리	ㅍ	ㅌ		ㅋ	
	파찰음	예사소리			ㅈ		
		된소리			ㅉ		
		거센소리			ㅊ		
	마찰음	예사소리		ㅅ			ㅎ
		된소리		ㅆ			
울림소리	비음		ㅁ	ㄴ		ㅇ	
	유음			ㄹ			

2. 모음

┌ **개념:** 허파에서 나오는 공기가 장애를 받지 않고 순조롭게 나오는 소리

└ **분류**

1) 단모음(10개): 발음할 때 입술이나 혀가 고정되어 움직이지 않는 모음

혀의 앞뒤 〳 입술 모양 〳 혀의 높낮이	앞 (전설 모음)		뒤 (후설 모음)	
	평순 모음	원순 모음	평순 모음	원순모음
고모음	ㅣ	ㅟ	ㅡ	ㅜ
중모음	ㅔ	ㅚ	ㅓ	ㅗ
저모음	ㅐ		ㅏ	

 진선쌤 TIP

• 키위를주	• 키위	금붕
게되었소	제외	어좋
내 가	해	아

2) 이중 모음(11개): 발음할 때 입술이나 혀가 움직이는 모음 (반모음+단모음)

상향 이중 모음	ㅣ [j] + 단모음	ㅑ, ㅕ, ㅛ, ㅠ, ㅒ, ㅖ
	ㅗ/ㅜ[w] + 단모음	ㅘ, ㅙ, ㅝ, ㅞ
하향 이중 모음	단모음 + ㅣ [j]	ㅢ

반모음
음성의 성질로 보면 모음과 비슷하지만 반드시 다른 모음에 붙어야 발음될 수 있는, 홀로 쓰이지 못하는 모음으로 'ㅣ [j]'와 'ㅗ/ㅜ [w]'가 있다.

📑 기출 문제 풀이로 핵심 포인트

다음 중 맞으면 O, 틀리면 X 표시하시오.

01. 'ㄴ, ㅁ, ㅇ'은 유음이다.

02. 양순음은 파열음과 마찰음이 골고루 발달되어 있다.

03. 'ㅡ, ㅓ, ㅏ'는 후설 모음이다.

04. '함박눈이 펑펑 내린다'에서 '눈'은 긴소리로 발음된다.

05. '하얗다'는 조음기관이 좁혀진 사이로 공기가 마찰하여 나는 소리가 포함되어 있다.

정답 01 X ('ㄴ, ㅁ, ㅇ'은 비음이다) **02** X (양순음(ㅁ, ㅂ, ㅍ, ㅃ)은 파열음과 비음이 발달되어 있다) **03** O **04** X ('눈[雪]'은 장음이지만 둘째 음절 이하가 되면 짧은 소리로 발음해야 한다) **05** O

01 '학습 과제'를 바르게 수행하였다고 할 때, ㉠에 들어갈 단어로 적절한 것은?

2023년 3월 고1 학력평가

[학습 자료]

음운은 단어의 뜻을 구별해 주는 소리의 가장 작은 단위이다. 특정 언어에서 어떤 소리가 음운인지 아닌지는 최소 대립쌍을 통해 확인할 수 있다. 최소 대립쌍이란, 다른 모든 소리는 같고 단 하나의 소리 차이로 의미가 구별되는 단어의 쌍을 말한다. 예를 들어, 최소 대립쌍 '감'과 '잠'은 [ㄱ]과 [ㅈ]의 차이로 인해 의미가 구별되므로 'ㄱ'과 'ㅈ'은 서로 다른 음운이다.

[학습 과제]

Q: 앞사람이 말한 단어와 최소 대립쌍인 단어를 말해 보자.

A: 쌀! → 달! →   ㉠   굴!

① 꿀   ② 답   ③ 둘   ④ 말

01

정답분석

③ ㉠에는 앞사람이 말한 '달', 뒷사람이 말한 '굴' 모두와 최소 대립쌍인 단어가 들어가야 한다. '둘'과 '달'은 [ㅜ]와 [ㅏ]의 차이가 있고, '둘'과 '굴'은 [ㄷ]과 [ㄱ]의 차이가 있다. 따라서 '둘'과 '달', '둘'과 '굴'은 최소 대립쌍이다.

오답해설

① '꿀'은 뒤의 '굴'과는 최소 대립쌍이지만, 앞의 '달'과는 최소 대립쌍이 아니다.

②, ④ '답'과 '말'은 앞의 '달'과는 최소 대립쌍이지만, 뒤의 '굴'과는 최소 대립쌍이 아니다.

02 다음은 음운에 대한 학습 활동지 중 일부이다. 빈칸에 들어갈 내용으로 적절한 것은?

> ㉠ '발'의 초성, 중성, 종성을 다른 음운으로 바꾸어 여러 단어를 만들어 보자.
> - 초성을 바꾼 경우(달, 살)
> - 중성을 바꾼 경우(볼, 불)
> - 종성을 바꾼 경우(밥, 방)
>
> ㉡ 다음 단어를 길게 발음할 때와 짧게 발음할 때의 차이를 이용해 문장을 만들어 보자.
> <눈>
> - 길게 발음할 때: 눈이 펑펑 내린다.
> - 짧게 발음할 때: 아이 눈이 초롱초롱하다.
>
> ㉠과 ㉡을 함께 고려할 때 [   ]는 사실을 알 수 있다.

① 음운은 문자로 표기할 수 있다
② 음운은 단어의 뜻을 구별해 준다
③ 음운은 일정한 조건에서 변화한다
④ 음운은 감정의 차이를 표현할 수 있다

02

정답분석

② ㉠ 조건에서는 초성, 중성, 종성이 변화함에 따라 단어의 뜻이 변화함을 알 수 있고, ㉡ 조건에서는 소리의 길이에 따라 단어의 뜻이 변화함을 알 수 있다. 이를 종합하면, 음운은 단어의 뜻을 구별해 준다는 사실을 알 수 있다.

03 다음 글에 대한 이해로 적절하지 않은 것은?

모음은 크게 두 부류로 나눌 수 있다. 발음할 때 입술 모양이나 혀의 위치가 변하지 않는 모음을 '단모음'이라 한다. '표준어 규정'은 원칙적으로 'ㅏ, ㅐ, ㅓ, ㅔ, ㅗ, ㅚ, ㅜ, ㅟ, ㅡ, ㅣ'를 단모음으로 발음할 것을 규정하고 있다. 입술 모양이나 혀의 위치가 발음 도중에 변하는 모음은 '이중 모음'이라 하는데, 이중 모음은 홀로 쓰일 수 없는 소리인 '반모음'이 단모음과 결합한 모음이다. 예를 들어 이중 모음인 'ㅑ'의 발음은, 'ㅣ'를 짧게 발음하는 것과 유사한 소리인 반모음 '[j]' 뒤에서 'ㅏ'가 결합한 소리이다. 'ㅑ'와 마찬가지로 'ㅒ, ㅕ, ㅖ, ㅛ, ㅠ, ㅢ'의 발음은, 각각 반모음 '[j]'와 단모음 'ㅐ, ㅓ, ㅔ, ㅗ, ㅜ, ㅡ'가 결합한 소리이다. 'ㅗ'나 'ㅜ'를 짧게 발음하는 것과 유사한 반모음 '[w]'도 있는데 'ㅘ, ㅙ, ㅝ, ㅞ'의 발음은 각각 반모음 '[w]'와 단모음 'ㅏ, ㅐ, ㅓ, ㅔ'가 결합한 소리이다. 반모음이 단모음 뒤에서 결합한 소리인 'ㅢ'를 제외하고, 이중 모음의 발음은 모두 반모음이 단모음 앞에서 결합한 소리이다.

'ㅚ'와 'ㅟ'는 단모음으로 발음하는 것이 원칙이지만 현실에서 이중 모음으로 발음하는 경우가 많다. 'ㅚ'를 이중 모음으로 발음할 경우에는 반모음 '[w]'와 'ㅔ' 소리를 연속하여 발음하며, 'ㅟ'를 이중 모음으로 발음할 경우에는 반모음 '[w]'와 'ㅣ' 소리를 연속하여 발음한다. '표준어 규정'에서도 현실 발음을 고려하여 이와 같이 'ㅚ'와 'ㅟ'를 이중 모음으로 발음하는 것을 허용하고 있다.

① 'ㅠ'는 발음할 때 입술 모양이나 혀의 위치가 변한다.

② 'ㅐ'는 발음할 때 입술 모양이나 혀의 위치가 변하지 않는다.

③ 'ㅖ'의 발음은 반모음 '[j]' 뒤에서 단모음 'ㅔ'가 결합한 소리이다.

④ 'ㅘ'의 발음은 단모음 'ㅗ' 뒤에서 반모음 '[j]'가 결합한 소리이다.

03

정답분석

④ 'ㅘ'는 이중 모음으로, 반모음 '[w]'가 단모음 'ㅏ' 앞에서 결합한 소리이다.

오답해설

① 'ㅠ'는 이중 모음으로, 반모음과 단모음이 결합한 소리이다. 이중 모음은 입술 모양이나 혀의 위치가 발음 도중에 변한다.

② 'ㅐ'는 단모음으로, 발음할 때 입술 모양이나 혀의 위치가 변하지 않는다.

③ 'ㅖ'의 발음은 'ㅣ'를 짧게 발음하는 것과 유사한 소리인 반모음 '[j]' 뒤에서 'ㅔ'가 결합한 것이다.

04 다음 중 ⊙에 들어갈 말로 적절하지 않은 것은?

2019년 수능

> 선생님: 최소 대립쌍이란 하나의 소리로 인해 뜻이 구별되는 단어의 짝을 말해요. 가령 최소 대립쌍 '살'과 '쌀'은 'ㅅ'과 'ㅆ'으로 인해 뜻이 달라지는데, 이때의 'ㅅ', 'ㅆ'은 음운의 자격을 얻게 되죠. 이처럼 최소 대립쌍을 이용해 음운들을 추출하면 음운 체계를 수립할 수 있어요. 이제 고유어들을 모은 [A]에서 최소 대립쌍들을 찾아 음운들을 추출하고, 그 음운들을 [B]에서 확인해 봅시다.
>
> [A] 쉬리, 마루, 구실, 모래, 소리, 구슬, 머루
> [B] 국어의 단모음 체계

	전설 모음		후설 모음	
	평순	원순	평순	원순
고모음	ㅣ	ㅟ	ㅡ	ㅜ
중모음	ㅔ	ㅚ	ㅓ	ㅗ
저모음	ㅐ		ㅏ	

> [학생의 탐구 내용]
>   추출된 음운들 중 [⊙   ]을 확인할 수 있군.

① 2개의 전설 모음

② 2개의 중모음

③ 3개의 평순 모음

④ 3개의 고모음

04

정답분석

③ [A]에서 '쉬리-소리', '마루-머루', '구실-구슬'은 각각 최소 대립쌍이다. 이를 통해 음운 'ㅟ, ㅗ', 'ㅏ, ㅓ', 'ㅣ, ㅡ'를 추출할 수 있다. 단모음 체계에 따르면 'ㅟ'는 고모음, 전설 모음, 원순 모음이고, 'ㅗ'는 중모음, 후설 모음, 원순 모음이다. 또한 'ㅏ'는 저모음, 후설 모음, 평순 모음이고, 'ㅓ'는 중모음, 후설 모음, 평순 모음이다. 끝으로, 'ㅣ'는 고모음, 전설 모음, 평순 모음이고, 'ㅡ'는 고모음, 후설 모음, 평순 모음이다. 따라서 추출된 6개의 모음을 혀의 높낮이에 따라 분류하면 '3개의 고모음, 2개의 중모음, 1개의 저모음', '2개의 전설 모음, 4개의 후설 모음', '4개의 평순 모음, 2개의 원순 모음'을 확인할 수 있다.

05 다음 글에 나타난 국어의 '음절'에 대해 설명한 내용으로 적절하지 않은 것은?

음운이 모여서 이루어지는 소리의 결합체를 음절이라고 한다. 현대 국어의 음절 유형은 다음 네 가지로 나눌 수 있다.

> ㄱ. '중성'으로 이루어진 음절 (아, 야, 와, 의)
> ㄴ. '초성+중성'으로 이루어진 음절(끼, 노, 며, 소)
> ㄷ. '중성+종성'으로 이루어진 음절 (알, 억, 영, 완)
> ㄹ. '초성+중성+종성'으로 이루어진 음절 (각, 녹, 딸, 형)

① 초성에는 최대 두 개의 자음이 온다.
② 중성에 올 수 있는 음운은 모음이다.
③ 종성에 올 수 있는 음운은 자음이다.
④ 초성 또는 종성이 없는 음절도 있다.

05

정답분석
① 우리말 음절의 초성 자리에는 자음이 둘 이상 오지 못한다. 제시된 자료 중 '끼', '딸'의 'ㄲ', 'ㄸ'는 각각 된소리에 해당하는 하나의 자음이다. 참고로, 영어에서는 'strike'처럼 초성에 해당하는 자리에 'str'과 같이 둘 이상의 자음이 오기도 한다.

오답해설
② 중성 자리에는 모음이 오는 것을 네 유형 모두에서 확인할 수 있다.
③ ㄷ과 ㄹ 유형에서 종성 자리에는 자음이 오는 것을 확인할 수 있다.
④ ㄱ 유형은 초성과 종성이 없이 중성으로만 이루어진 음절이며, ㄷ 유형은 초성이 없는 음절, ㄴ 유형은 종성이 없는 음절이라는 점에서 확인할 수 있다.

03 음운의 변동

교체

→ 음절의 끝소리 규칙,
자음 동화, 구개음화,
된소리 되기, 모음 동
화, 모음 조화

1. 음절의 끝소리 규칙: 'ㄱ, ㄴ, ㄷ, ㄹ, ㅁ, ㅂ, ㅇ'의 7자음만이 음절의 끝소리(받침소리)로 발음

밖[박]	박[박]	부엌[부억]	간[간]	
곧다[곧따]	낟[낟]	낫[낟]	있다[읻따]	낯[낟]
낯[낟]	히읗[히읃]			
말[말]	밤[밤]	법[법]	무릎[무릅]	방[방]

→ 넋[   ]과 같이 겹받침이 'ㄱ, ㄴ, ㄷ, ㄹ, ㅁ, ㅂ, ㅇ'로 나는 경우는 자음군 단순화 (탈락)

심화 학습   모음으로 시작하는 뒷말이 결합할 때 (연음과 관련)

형식	발음	예
홑받침 + 형식 형태소	그대로 연음	꽃아[꼬자], 꽃을[꼬츨]
홑받침 + 실질 형태소	대표음으로 바꾼 후 연음	맛없다[마덥다], 꽃 위[꼬뒤]
겹받침 + 형식 형태소	뒤엣것만 연음	값을[갑쓸], 닭을[달글]
겹받침 + 실질 형태소	대표음으로 바꾼 후 연음	닭 아래[다가래], 값어치[가버치]
쌍받침 + 형식 형태소	그대로 연음	깎아[까까], 밖에[바께]

2. 자음 동화   → 비음화, 유음화

1) 비음화: 비음이 아닌 자음이 비음을 만나 비음으로 발음되는 현상

ㄱ ㄷ ㅂ + ㄴ ㅁ = ㅇ ㄴ ㅁ + ㄴ ㅁ

국물[궁물]	닫는[단는]	돕는[돔는]

ㅁ ㅇ + ㄹ = ㅁ ㅇ + ㄴ

심리[심니]	공론[공논]

ㄱ ㄷ ㅂ + ㄹ = ㅇ ㄴ ㅁ + ㄴ

국력[궁녁]	몇 리[면니]	십리[심니]

진선쌤 TIP

갈대밭 나무 잎나무
마음을 먹었네
갈대밭을 잎나무네

2) 유음화: 'ㄴ'이 'ㄹ'의 앞이나 뒤에서 'ㄹ'로 변하는 현상

- ㄴ + ㄹ = ㄹ + ㄹ
- ㄹ + ㄴ = ㄹ + ㄹ

광한루[광할루]	난로[날로]	칼날[칼랄]	물난리[물랄리]

3) 유음화의 예외

임진란[임진난]	생산량[생산냥]	결단력[결딴녁]	상견례[상견네]

 진선쌤 TIP

임진년에 생산량을 늘리자는 **결단**이 추진되어 **공권력**이 **동원**되었다. **상견례** 장소에 대한 **의견**이 **이원론**되어 싸움이 나 **입원**을 하게 되었다. **횡단로..구근류..**

3. 구개음화: 끝소리가 'ㄷ, ㅌ'인 실질 형태소가 '이, 야, 여, 요, 유'를 만나 구개음 'ㅈ, ㅊ'으로 변하는 현상

ㄷ ㅌ + 이, 야, 여, 요, 유 = ㅈ ㅊ
└→ 실질 형태소 └→ 형식 형태소

굳이[구지]	미닫이[미다지]	해돋이[해도지]	같이[가치]
붙이고[부치고]	샅샅이[삳싸치]		

ㄷ + 히 = 치

→ 'ㄷ+히'의 경우에는 'ㄷ'이 'ㅎ'과 합쳐져 거센소리 'ㅌ'으로 바뀌고 'ㅌ'과 모음 'ㅣ'가 만나 '치'로 발음나게 된다.

갇히고[가치고]	굳히다[구치다]

심화 학습 구개음화가 일어나지 않는 경우☆

- '이, 야, 여, 요, 유'가 아닌 모음이 왔을 때   예 밭에[바테], 밭을[바틀]
- 한 형태소 안에서   예 견디다[견디다], 느티나무[느티나무]
- 실질 형태소가 결합하는 경우   예 홑이불[혼니불], 밭이랑[반니랑]

4. 모음 동화 → 'ㅣ' 모음 순행 동화, 'ㅣ' 모음 역행 동화

1) 'ㅣ' 모음 순행 동화

$$ㅣ + ㅓ ㅗ = ㅣ + ㅕ ㅛ$$

기어[기여]	피어[피여]	되어[되여]	이오[이요]	아니오[아니요]

→ 'ㅣ' 모음 순행 동화가 일어나기 전의 발음이 표준 발음이다. 다만, '피어, 되어, 이오, 아니오'의 경우에는 둘 다 표준 발음으로 허용한다.

2) 'ㅣ' 모음 역행 동화

$$ㅏ ㅓ ㅗ ㅜ + ㅣ = ㅐ ㅔ ㅚ ㅟ + ㅣ$$

어미[에미]	아비[애비]	고기[괴기]

→ 'ㅣ' 모음 역행 동화는 대부분 표준어나 표준 발음으로 인정하지 않는다. 다만, 다음의 경우는 표준어로 인정한다.
예 냄비, 서울내기, 시골내기, 신출내기, 풋내기, 소금쟁이, 담쟁이덩굴, 멋쟁이, 골목쟁이, 발목쟁이, (불을) 댕기다, 동댕이치다

5. 모음 조화

- 양성 모음(ㅏ, ㅗ)은 양성 모음끼리, 음성 모음(ㅓ, ㅜ)은 음성 모음끼리 어울린다.
- 의성어와 의태어에서 가장 뚜렷하게 나타나고, 어간과 어미의 연결 구조에서도 나타난다.
  예 사각사각 - 서걱서걱 / 종알종알 - 중얼중얼 / 막아 - 먹어
- 현대에 오면서 잘 지켜지지 않는 경우가 많아졌다.
  예 깡충깡충, 보슬보슬, 산들산들, 가까워, 아름다워

6. 된소리되기(경음화 현상)

진선쌤 TIP
구둣방사장 + 구둣방사장

$$ㄱ ㄷ ㅂ ㅅ ㅈ + ㄱ ㄷ ㅂ ㅅ ㅈ$$

국밥[국빱]	먹고[먹꼬]	뱉다[밷따]	입다[입따]

$$어간 끝소리 ㄴ(ㄵ) ㅁ(ㄻ) + ㄱ ㄷ ㅅ ㅈ$$

안고[안꼬]	앉고[안꼬]	닮고[담꼬]

ㄹ(갈비탕) + ㄱ ㄷ ㅅ ㅈ

어간 끝소리 ㄹㄱ ㄹㅂ ㄹㅌ + ㄱ ㄷ ㅅ ㅈ

갉고[갈꼬]	넓게[널께]	핥다[할따]

(관형사형) 어미 -ㄹ + ㄱ ㄷ ㅅ ㅈ

할 것을[할꺼슬]	할지언정[할찌언정]

한자어 받침 ㄹ + ㄷ ㅅ ㅈ

갈등(葛藤)[갈뜽]	일시(日時)[일씨]	발전(發展)[발쩐]

축약

→ 자음 축약(거센소리되기), 모음 축약

1. 자음 축약: 'ㄱ, ㄷ, ㅂ, ㅈ'과 'ㅎ'이 만나 'ㅋ, ㅌ, ㅍ, ㅊ'이 되는 현상으로, 음절의 끝소리 규칙보다 먼저 적용함

ㄱ ㄷ ㅂ ㅈ + ㅎ = ㅋ ㅌ ㅍ ㅊ

축하[추카]	맏형[마텅]	잡히다[자피다]	젖히다[저치다]

2. 모음 축약: 두 모음이 줄어들어 한 음절이 되는 현상으로, 실제 표기에 반영함

그리 + 어 → [그려]	되 + 었다 → [됐다]
보 + 아라 → [봐라]	주 + 어라 → [줘라]

심화 학습 어간 끝 모음 'ㅏ, ㅗ, ㅜ, ㅡ' 뒤에 '-이어'가 결합할 때 줄어드는 2가지 방식

['-이'가 앞 음절과 줄어듦   예 쓰 + 이어 → 씌어 / 누 + 이어 → 뉘어
['-이'가 뒤 음절과 줄어듦   예 쓰 + 이어 → 쓰여 / 누 + 이어 → 누여

탈락

→ 자음 탈락, 모음 탈락,
  자음군 단순화

1. 자음 탈락 → 'ㄹ' 탈락, 'ㅎ' 탈락

1) ㄹ 탈락

어간 끝소리 ㄹ + 어미 ㄴ ㄹ ㅂ ㅅ -오

놀+니[노니]	놀+ㄹ[놀]	놀+ㅂ니다[놉니다]
놀+세[노세]	놀+오[노오]	

파생/합성 ㄹ + ㄴ ㄷ ㅅ ㅈ

솔+나무[소나무]	열+닫이[여닫이]	활+살[화살]	바늘+질[바느질]

2) ㅎ 탈락

어간 끝소리 ㅎ + 모음 접사/어미

넣어[너어]	쌓이다[싸이다]

2. 모음 탈락: 두 모음이 연속될 경우, 하나의 모음이 탈락하는 음운 현상

1) ㅡ 탈락

어간 ㅡ + 어미 아/어

따르+아[따라]	쓰+어라[써라]	들르+어[들러]	치르+어[치러]

2) 동음 탈락: 동일한 모음이 연속될 때 그중 하나가 탈락된다.

가+아서[가서]	타+아라[타라]

3. 자음군 단순화: 음절 끝의 겹받침이 올 때, 둘 중 한 자음이 탈락하는 현상

ㄳ ㄵ ㄼ ㄽ ㄾ ㅀ ㅄ → 첫째 자음이 발음됨

몫[목]	앉다[안따]	외곬[외골]	값[갑]

심화 학습 예외 'ᆲ'

┌ '밟-'의 'ᆲ'은 자음 앞에서 [ㅂ]으로 발음된다.
│ 예 밟다[밥꼬], 밟소[밥쏘]
└ '넓-'의 'ᆲ'은 '넓죽하다, 넓둥글다'와 같은 파생어나 합성어의 경우 [ㅂ]으로 발음된다.
  예 넓죽하다[넙쭈카다], 넓둥글다[넙뚱글다], 넓적다리[넙쩍따리]

ᆰ ᆱ ᆵ → 둘째 자음이 발음됨

늙다[늑따]   닭다[닥따]   읊다[읍따]

심화 학습 예외 'ᆰ'

용언의 어간 말음인 경우 'ㄱ' 앞에서 [ㄹ]로 발음한다.
예 맑고[말꼬], 늙게[늘께]   cf) 닭과[닥꽈]

첩가

→ 사잇소리 현상
→ 명사들이 결합하여 만
  들어진 합성어에서 발
  생하는 것이 원칙

1. ㄲ ㄸ ㅃ ㅆ ㅉ

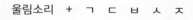

울림소리 + ㄱ ㄷ ㅂ ㅅ ㅈ

밤+길[밤낄]   촌+사람[촌싸람]   초+불[초뿔]

2. ㄴ 소리 첨가

진선쌤 TIP

'자음 + 이, 야, 여, 요, 유'
의 경우, 명사와 접사가 결
합한 파생어도 오케이!

• 모음 + ㄴ ㅁ
• 자음 + 이 야 여 요 유

비+물[빈물]   코+날[콘날]   집+일[짐닐]   막+일[망닐]   옷 입다[온닙따]

심화 학습 'ㄴ' 첨가 현상 예외

┌ ㄴ 첨가 X: 송별연[송벼련], 월요일[워료일]
├ ㄴ 첨가 O: 늑막염[능망념]
└ 둘 다 인정: 검열[거멸/검녈], 금융[그뮹/금늉], 강약[강약/강냑]

3. ㄴㄴ 소리 첨가

모 음 + 이 야 여 요 유

나무+잎[나문닙]   깨+잎[깬닙]   예사+일[예산닐]

> **심화 학습** 예외
> ┌ 둘 다 허용되는 단어: 관건[관건/관껀], 교과[교과/교꽈], 김밥[김밥/김빱], 불법[불법/불뻡], 안간힘[안간힘/안깐힘], 효과[효
> │ 과/효꽈]
> └ 사잇소리 현상이 일어나지 않는 것: 인사말[인사말], 머리말[머리말], 예사말[예사말], 꼬리말[꼬리말], 반대말[반대말], 농사일
>   [농사일], 유리잔[유리잔]

📑 기출 문제 풀이로 핵심 포인트

다음 중 맞으면 O, 틀리면 X 표시하시오.

01. '복면[봉면]', '권리[궐리]'는 뒤에 오는 자음의 조음 위치에 동화되는 음운 변동이다.

02. '닫혔다[다쳗따]'에서는 두 개의 음운이 하나로 축약되는 현상이 일어난다.

03. '값진[갑찐]'에서는 탈락, 첨가 현상이 있다.

04. '붙여[부쳐]'에서는 축약 현상이 나타난다.

정답 **01** X (뒤에 오는 자음의 조음 방법에 동화되는 음운 변동이다) **02** O **03** X (탈락, 교체(경음화) 현상이 있다) **04** X (구개음화가 나타났으므로 교체 현상이다)

[01-02] 다음 글을 읽고 물음에 답하시오.

음운의 동화는 인접한 두 음운 중 어느 한쪽 또는 양쪽이 서로 비슷하거나 같은 소리로 바뀌는 현상이다. 국어의 대표적인 동화에는 비음화, 유음화, 구개음화가 있다.

비음화는 비음이 아닌 'ㅂ, ㄷ ㄱ'이 비음 'ㅁ, ㄴ'앞에서 비음 'ㅁ, ㄴ, ㅇ'으로 바뀌어 소리 나는 현상이다. 예를 들어 '국민'이 [궁민]으로 발음되는 것은 비음화에 해당한다. 유음화는 비음 'ㄴ'이 유음 'ㄹ'의 앞이나 뒤에서 유음 'ㄹ'로 발음되는 현상이다. 유음화의 예로는 '칼날[칼랄]'이 있다. ㉠ 아래의 자음 체계표를 보면, 비음화와 유음화는 그 결과로 인접한 두 음운의 조음 방식이 같아진다는 것을 알 수 있다.

조음 방식＼조음 위치	입술소리	잇몸소리	센입천장소리	여린입천장소리
파열음	ㅂ, ㅍ	ㄷ, ㅌ		ㄱ, ㅋ
파찰음			ㅈ, ㅊ	
비음	ㅁ	ㄴ		ㅇ
유음		ㄹ		

구개음화는 끝소리 'ㄷ, ㅌ'이 모음 'ㅣ'로 시작되는 조사나 접미사 앞에서 구개음 'ㅈ, ㅊ'으로 발음되는 현상이다. 가령 '해돋이'가 [해도지]로 발음되는 것이 이에 해당한다. 이는 동화 결과로 조음 위치와 조음 방식이 모두 바뀌는 현상이다. 아래 그림을 보면 '해돋이'가 [해도디]가 아닌 [해도지]로 소리 나는 이유를 알 수 있다. [1]과 [2]에서 보듯이, 'ㄷ'과 'ㅣ'를 발음할 때의 혀의 위치가 달라 '디'를 발음할 때는 혀가 잇몸에서 입천장 쪽으로 많이 움직여야 한다. 그러나 [2]와 [3]을 보면, 'ㅈ'과 'ㅣ'를 발음할 때의 혀의 위치가 비슷하기 때문에 '지'를 발음할 때는 혀를 거의 움직이지 않아도 된다.

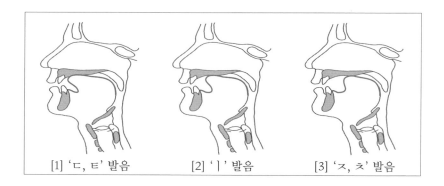

[1] 'ㄷ, ㅌ' 발음　　　　[2] 'ㅣ' 발음　　　　[3] 'ㅈ, ㅊ' 발음

비음화, 유음화, 구개음화는 동화 결과 인접한 두 음운의 성격이 비슷하거나 같은 소리로 바뀐다는 점에서 유사하다. 이처럼 성격이 비슷하거나 같은 소리가 연속되면 발음할 때 힘이 덜 들게 되므로 발음의 경제성이 높아진다.

01 윗글의 내용에 대한 이해로 적절하지 않은 것은?

① 음운의 동화로 조음 위치나 조음 방식이 바뀌면 발음의 경제성이 높아진다.

② 구개음화와 달리 비음화와 유음화가 일어나는 인접한 두 음운은 모두 자음이다.

③ 구개음화는 자음으로 시작되는 조사나 접미사 앞에서는 일어나지 않는다.

④ 구개음화는 동화의 결과로 자음과 모음의 소리가 모두 바뀌는 현상이다.

02 ㉠을 참고할 때, <보기>의 a~c에서 일어난 음운 동화에 대한 설명으로 적절한 것은?

2019학년도 3월 고1 학력평가

<보기>

a. 밥물[밤물]　　　　　　　　b. 신라[실라]　　　　　　　　c. 굳이[구지]

① a: 비음화의 예로, 조음 방식만 바뀐 것이다.

② a: 유음화의 예로, 조음 방식만 바뀐 것이다.

③ b: 비음화의 예로, 조음 위치만 바뀐 것이다

④ c: 구개음화의 예로, 조음 방식만 바뀐 것이다.

01

정답분석

④ 3문단에서 '구개음화는 끝소리 'ㄷ, ㅌ'이 모음 'ㅣ'로 시작되는 조사나 접미사 앞에서 구개음 'ㅈ, ㅊ'으로 발음되는 현상'이라고 하였다. 이때 바뀌는 음운은 'ㄷ, ㅌ'에만 해당하므로, 구개음화는 모음의 소리는 그대로인 채 자음의 소리만 바뀌는 현상이라고 할 수 있다.

오답해설

① 비음화, 유음화, 구개음화가 일어나면 인접한 두 음운의 성격이 비슷하거나 같은 소리로 바뀐다. 5문단에서 '성격이 비슷하거나 같은 소리가 연속되면 발음할 때 힘이 덜 들게' 된다고 하였으므로 음운의 동화가 일어날 때 조음 위치나 조음 방식이 바뀌면 발음의 경제성이 높아짐을 알 수 있다.

② 2문단에서 비음화는 '비음이 아닌 'ㅂ, ㄷ, ㄱ'이 'ㅁ, ㄴ' 앞에서' 바뀌는 현상이고, 유음화는 '비음 'ㄴ'이 유음 'ㄹ'의 앞이나 뒤에서' 바뀌는 현상이라 하였으므로 비음화와 유음화가 일어나는 인접한 두 음운은 모두 자음이라는 것을 알 수 있다.

③ 3문단에서 구개음화는 '모음 'ㅣ'로 시작되는 조사나 접미사 앞'에 'ㄷ, ㅌ'이 인접할 때 일어나는 현상이라고 하였으므로, 자음으로 시작하는 조사나 접미사 앞에서는 구개음화가 일어날 수 없다는 것을 알 수 있다.

02

정답분석

① 자음 체계표를 보면 a는 파열음 'ㅂ'이 비음 'ㅁ'의 영향으로 비음 'ㅁ'으로 바뀌는 비음화의 예이고, b는 비음 'ㄴ'이 유음 'ㄹ'의 영향으로 유음 'ㄹ'로 바뀌는 유음화의 예이다. 비음화와 유음화 모두 조음 방식이 바뀌는 현상이다. 이와 달리 c는 끝소리 'ㄷ'이 접미사 'ㅣ' 앞에서 'ㅈ'으로 발음되는 구개음화의 예이다. 잇몸소리이면서 파열음인 'ㄷ'이 센입천장소리이면서 파찰음인 'ㅈ'로 바뀌었으므로 조음 위치와 조음 방식이 모두 바뀐 경우에 해당한다. 따라서 적절한 것은 ①이다.

<보기>

　　오늘 국어 시간에 두 가지 음운 규칙을 배웠다. 음절의 끝소리 규칙은 '잎'이 [입]으로 소리 나는 것처럼 우리말 받침으로 소리 나는 자음은 'ㄱ, ㄴ, ㄷ, ㄹ, ㅁ, ㅂ, ㅇ'의 일곱 개라는 것이다.

　　또 하나의 규칙은 비음화인데 '밥만'이 [밤만]이 되는 것처럼 'ㄱ, ㄷ, ㅂ'이 'ㄴ, ㅁ' 앞에서 비음으로 소리 나는 것이다. 이제 ⓐ '꽃눈'이 [꼰눈]으로 소리 나는 현상은 이렇게 설명할 수 있다.

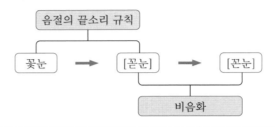

① 끝까지[끝까지]　　　　　　　　　　② 부엌도[부억또]
③ 눈약[눈냑]　　　　　　　　　　　　④ 놓는[논는]

03

정답분석

④ '꽃눈'과 같이 음절의 끝소리 규칙과 비음화의 적용을 받는 단어는 '놓는'이다. '놓는'은 음절의 끝소리 규칙에 따라 [녿는]이 되었다가 비음화에 따라 [논는]이 된다.

오답해설

① '끝까지'는 음절의 끝소리 규칙에 따라 [끋까지]가 되지만, 비음화는 일어나지 않는다.

② '부엌도'는 음절의 끝소리 규칙과 된소리되기에 따라 [부억또]가 된다.

③ '눈약'이 [눈냑]이 되는 것은 'ㄴ' 첨가 현상에 따른 것이다.

04 다음 글을 바탕으로 '된소리되기'를 이해한 내용으로 적절하지 않은 것은?

우리말에는 다양한 유형의 된소리되기가 존재하는데, 우선 특정 음운 환경에서 예외 없이 일어나는 경우가 있다. 받침 'ㄱ, ㄷ, ㅂ' 뒤에 'ㄱ, ㄷ, ㅂ, ㅅ, ㅈ'이 올 때에는 예외 없이 된소리되기가 일어난다. '국밥'이 [국빱]으로, '(길을) 걷다'가 [걷따]로 발음되는 것이 그 예이다. 음운 환경이 같더라도 된소리되기가 일정하지 않은 경우가 있는데, 이때에는 다른 조건이 충족될 때 된소리되기가 일어난다. 첫째, 용언의 어간 받침 'ㄴ(ㄵ), ㅁ(ㄻ)' 뒤에 'ㄱ, ㄷ, ㅅ, ㅈ'으로 시작하는 어미가 올 때 된소리되기가 일어나는데, '나는 신발을 신고 갔다.'에서 '신고'가 [신꼬]로 발음되는 것이 그 예이다. '습득물 신고'의 '신고'는 음운 환경이 같음에도 불구하고 용언이 아니기 때문에 된소리되기가 일어나지 않는다. 둘째, 한자어에서 'ㄹ' 받침 뒤에 'ㄷ, ㅅ, ㅈ'이 연결될 때 된소리되기가 일어나는데, '물질(物質)'이 [물찔]로 발음되는 것이 그 예이다. '물잠자리'는 음운 환경이 같음에도 불구하고 고유어이기 때문에 된소리되기가 일어나지 않는다. 셋째, 관형사형 어미 '-(으)ㄹ' 뒤에 'ㄱ, ㄷ, ㅂ, ㅅ, ㅈ'로 시작하는 체언이 올 때 된소리되기가 일어나는데, '살 것'이 [살 껏]으로 발음되는 것이 그 예이다. 이러한 유형의 된소리되기는 음운 환경 외에도 '용언의 어간', '한자어', '관형사형 어미'라는 조건이 충족되어야 음운 변동이 일어난다는 특징이 있다.

① '(밥을) 먹다'와 '(눈을) 감다'에서 일어난 된소리되기는 용언에서만 일어나는 유형이다.

② '말다툼'과 달리 '밀도(密度)'에서 된소리되기가 일어나는 이유는 한자어이기 때문이다.

③ '납득'과 같이 'ㅂ' 받침 뒤에 'ㄷ'이 오는 음운 환경에서는 예외 없이 된소리되기가 일어난다.

④ '삶과 죽음'의 '삶과'와 달리 '(고기를) 삶고'에서 된소리되기가 일어나는 이유는 '삶고'가 용언이기 때문이다.

04

정답분석

① '(밥을) 먹다'와 '(눈을) 감다'에서 일어나는 된소리되기는 받침 'ㄱ, ㄷ, ㅂ' 뒤에 'ㄱ, ㄷ, ㅂ, ㅅ, ㅈ'이 올 때 일어나는 된소리되기로 용언에서만 일어나는 유형은 아니다.

오답해설

② '밀도(密度)'에서 일어나는 된소리되기는 한자어에서 'ㄹ' 받침 뒤에 'ㄷ, ㅅ, ㅈ'이 연결될 때 일어나는 된소리되기이다.

③ '납득'에서 일어나는 된소리되기는 받침 'ㄱ, ㄷ, ㅂ' 뒤에 'ㄱ, ㄷ, ㅂ, ㅅ, ㅈ'이 올 때 일어나는 된소리되기로 예외 없이 일어나는 현상이다.

④ '(고기를) 삶고'에서 일어나는 된소리되기는 용언의 어간 받침 'ㄴ(ㄵ), ㅁ(ㄻ)' 뒤에 'ㄱ, ㄷ, ㅅ, ㅈ'으로 시작하는 어미가 올 때 일어나는 현상이다.

05 다음은 '축약'에 대한 문법 수업의 일부이다. (가)~(다)의 사례를 <보기>에서 골라 바르게 짝지은 것은?

2014학년도 4월 고3 학력평가

[선생님의 설명]

음운의 변동 중 '축약'은 자음 간의 축약과 모음 간의 축약으로 크게 나눌 수 있습니다. '놓고'가 [노코]로 발음되는 (가) 거센소리되기는 자음이 축약된 사례이고, '보아'가 '봐'로 음절이 줄어드는 경우는 모음이 축약된 사례라고 할 수 있지요. 그런데 모음의 축약을 용언으로 한정할 경우, (나) 어간에서만의 축약, 어미에서만의 축약, (다) 어간과 어미의 축약 등으로 구분할 수 있답니다. 예를 들어 '입으셨다'는 선어말 어미인 '-시-'와 '-었-'이 '-셨-'으로 축약되었으므로 어미에서만의 축약으로 볼 수 있습니다.

<보기>

고등학교 ⓐ 입학 후 중학교 친구들을 만났다. 우리들은 오랜만에 이렇게 만나니 정말 ⓑ 좋다며 반갑게 인사를 ⓒ 나눴다. 눈에 ⓓ 띄게 모습이 변한 친구들도 있었지만, 다들 마음만은 여전해 ⓔ 보였다. 우리들은 많은 이야기를 나눈 뒤, 다음을 기약하며 헤어졌다.

	(가)	(나)	(다)
①	ⓑ	ⓐ, ⓓ	ⓒ, ⓔ
②	ⓒ	ⓐ, ⓑ	ⓓ, ⓔ
③	ⓐ, ⓑ	ⓓ	ⓒ, ⓔ
④	ⓐ, ⓑ	ⓒ, ⓔ	ⓓ

05

정답분석

③ ⓐ '입학'은 'ㅂ'과 'ㅎ'이 만나 'ㅍ'으로 축약되어, [이팍]으로 발음되고, ⓑ '좋다며'는 'ㅎ'과 'ㄷ'이 만나 'ㅌ'으로 축약되어 [조타며]로 발음되는 '거센소리되기'에 해당한다. 또한 ⓒ '나눴다'는 어간 '나누-'와 어미 '-었다'가 만나 '나눴다'로 축약되는 '어간과 어미의 축약'이며, ⓓ '띄게'는 어간 '뜨이-'가 '띄-'로 축약되는 '어간에서만의 축약'에 해당한다. ⓔ '보였다'는 어간 '보이-'와 어미 '-었다'가 만나 '보였다'로 축약되는 '어간과 어미의 축약'에 해당한다. 따라서 '(가) 거센소리되기'에 해당하는 것은 ⓐ와 ⓑ이며, 용언의 음절 축약 중, '(나) 어간에서만의 축약'에 해당하는 것은 ⓓ, '(다) 어간과 어미의 축약'에 해당하는 것은 ⓒ와 ⓔ이다.

06 <보기 1>의 밑줄 친 부분에 해당하는 예를 <보기 2>에서 모두 고른 것은?

2013학년도 7월 고3 학력평가

<보기 1>

두 음운이 결합할 때 어느 한 음운이 없어지는 현상을 음운의 탈락이라고 한다. 끝소리 'ㅎ'이 모음으로 시작하는 어미나 접미사와 결합하여 탈락하는 경우나 음절의 끝에 두 개의 자음의 올 때 이 중에서 한 자음이 탈락하는 경우가 이에 해당한다.

<보기 2>

내일은 소풍 가는 날, 비 오지 ㉠ 않기를 바라며 잠자리에 들었다. 잔디밭을 ㉡ 밟고 친구들과 ㉢ 같이 즐겁게 놀며 ㉣ 멋진 경치를 볼 생각에 기분이 ㉤ 좋아서 잠도 오지 않았다.

---

① ㉠, ㉡

② ㉠, ㉢

③ ㉡, ㉤

④ ㉢, ㉣

06

정답분석

③ ㉡의 '밟고'는 음절 끝소리 'ㄼ'에서 'ㄹ'이 탈락한 후, 뒷말 첫소리 'ㄱ'이 'ㅂ'과 만나 된소리로 바뀌어 [밥:꼬]로 발음되고, ㉤의 '좋아서'는 끝소리 'ㅎ'이 모음으로 시작하는 어미와 만나 탈락하여 [조아서]로 발음되므로 밑줄 친 부분의 예에 해당한다. ㉠은 축약이, ㉢은 구개음화가, ㉣은 음절 끝소리 규칙과 된소리 현상이 일어난 예이다.

07 <보기 1>의 '표준 발음법'에 따라 <보기 2>의 ㉠~㉣을 발음한다고 할 때, 적절하지 않은 것은?

2022학년도 3월 고1 학력평가

<보기 1>

제10항 겹받침 'ㄳ', 'ㄵ', 'ㄼ', 'ㄽ', 'ㄾ', 'ㅄ'은 어말 또는 자음 앞에서 각각 [ㄱ, ㄴ, ㄹ, ㅂ]으로 발음한다.

제11항 겹받침 'ㄺ, ㄻ, ㄿ'은 어말 또는 자음 앞에서 각각 [ㄱ, ㅁ, ㅂ]으로 발음한다. 다만, 용언의 어간 말음 'ㄺ'은 'ㄱ' 앞에서 [ㄹ]로 발음한다.

제23항 받침 'ㄱ(ㄲ, ㅋ, ㄳ, ㄺ), ㄷ(ㅅ, ㅆ, ㅈ, ㅊ, ㅌ), ㅂ(ㅍ, ㄼ, ㄿ, ㅄ)' 뒤에 연결되는 'ㄱ, ㄷ, ㅂ, ㅅ, ㅈ'은 된소리로 발음한다.

<보기 2>

　책장에서 ㉠ 읽지 않은 시집을 발견했다. 차분히 앉아 마음에 드는 시를 예쁜 글씨로 공책에 ㉡ 옮겨 적었다. 소리 내어 시를 ㉢ 읊고 시에 대한 감상을 적어 보기도 했다. 마음이 평온해지는 ㉣ 값진 경험이었다.

① ㉠은 제11항 규정에 따라 [일찌]로 발음해야겠군.

② ㉡은 제11항 규정에 따라 [옴겨]로 발음해야겠군.

③ ㉢은 제11항, 제23항 규정에 따라 [읍꼬]로 발음해야겠군.

④ ㉣은 제10항, 제23항 규정에 따라 [갑찐]으로 발음해야겠군.

07

정답분석

① <보기 1>의 표준 발음법 제11항 규정에 따라 겹받침 'ㄺ'은 자음 앞에서 [ㄱ]으로 발음하며, 제23항 규정에 따라 겹받침 'ㄺ' 뒤에 연결되는 'ㅈ'은 된소리로 발음하므로 <보기 2>의 ㉠은 [익찌]로 발음한다.

오답해설

② 제11항 규정에 따라 겹받침 'ㄻ'은 자음 앞에서 [ㅁ]으로 발음하므로 ㉡은 [옴겨]로 발음한다.

③ 제11항 규정에 따라 겹받침 'ㄿ'은 자음 앞에서 [ㅂ]으로 발음하며, 제23항 규정에 따라 겹받침 'ㄿ' 뒤에 연결되는 'ㄱ'은 된소리로 발음하므로 ㉢은 [읍꼬]로 발음한다.

④ 제10항 규정에 따라 'ㅄ'은 자음 앞에서 [ㅂ]으로 발음하며, 제23항 규정에 따라 'ㅄ' 뒤에 연결되는 'ㅈ'은 된소리로 발음하므로 ㉣은 [갑찐]으로 발음한다.

08 다음은 문법 수업의 일부이다. 이를 바탕으로 <보기>의 밑줄 친 부분을 이해한 내용으로 적절하지 않은 것은?

2013학년도 4월 고3 학력평가

<지난 시간에 공부한 내용>

　자음 동화에는, 자음 'ㄱ, ㄷ, ㅂ'이 비음 'ㄴ, ㅁ' 앞에서 비음의 영향을 받아 각각 'ㅇ, ㄴ, ㅁ'으로 발음되는 '비음화'와 자음 'ㄴ'이 유음 'ㄹ'의 앞이나 뒤에서 유음의 영향을 받아 'ㄹ'로 발음되는 '유음화'가 있다. '국물[궁물]'은 'ㄱ'이 'ㅁ' 앞에서 'ㅇ'으로 발음되는 비음화의 사례이며, '난리[날리]'는 'ㄴ'이 'ㄹ' 앞에서 'ㄹ'로 발음되는 유음화의 사례이다.

<선생님의 설명>

　'음운의 첨가'란 원래는 없던 소리가 첨가되어 발음되는 것을 말합니다. 예를 들어 '맨입으로는 알려 줄 수 없다.'에서 '맨입'은 '[맨닙]'으로 발음됩니다. 합성어나 파생어에서 앞말의 끝이 자음이고 뒷말이 '이, 야, 여, 요, 유'로 시작하는 경우에는 뒷말의 첫소리에 'ㄴ' 소리가 첨가되기 때문이지요. 또 합성어에서 앞말이 모음으로 끝나고 뒷말이 'ㄴ, ㅁ'으로 시작되는 경우에도 앞말의 끝소리에 'ㄴ' 소리가 첨가됩니다. 이때에는 '뒷문[뒨문]'의 경우처럼 앞말에 사이시옷('ㅅ')을 넣어서 이를 표시해 준답니다.

<보기>

ㄱ. 그는 날렵한 ⓐ 콧날[콘날]이 매우 인상적이다.
ㄴ. 그 사람은 회사의 ⓑ 막일[망닐]을 도맡아 하고 있었다.
ㄷ. 아이가 아직 알약을 먹지 못해서 ⓒ 물약[물략]을 지어갔다.
ㄹ. 그녀는 ⓓ 잇몸[인몸]이 약해져서 정기적으로 치료를 받았다.

① ⓐ는 앞말이 모음으로 끝나고 뒷말이 'ㄴ'으로 시작되는 합성어이므로 앞말의 끝소리에 소리가 첨가된 경우라고 할 수 있군.

② ⓑ는 'ㄴ' 소리가 첨가된 후, 'ㅁ'의 영향으로 'ㄱ'이 비음화된 경우라고 할 수 있군.

③ ⓒ는 'ㄴ' 소리가 첨가되어 [물냑]으로 바뀐 후, 'ㄹ'의 영향으로 유음화가 일어난 경우라고 할 수 있군.

④ ⓓ는 사이시옷을 넣어서 'ㄴ' 소리가 첨가됨을 표시한 경우라고 할 수 있군.

08

정답분석

② ⓑ '막일'은 앞말의 끝이 자음이고, 뒷말이 '이'로 시작하는 경우에 해당하므로 'ㄴ' 소리가 첨가되는데, [막닐]이 아닌 [망닐]로 발음한다. 그 이유는 앞말의 받침인 'ㄱ'이 뒷말의 첫소리에 첨가된 'ㄴ'의 영향을 받아 'ㅇ'으로 비음화되었기 때문이다. 따라서 'ㅁ'의 영향으로 'ㄱ'이 비음화되었다는 진술은 적절하지 않다.

오답해설

① ⓐ는 앞말인 '코'가 모음으로 끝나고 뒷말인 '날'이 'ㄴ'으로 시작하므로 앞말의 끝소리에 'ㄴ'이 첨가된 경우이므로 적절한 진술이다.

③ ⓒ는 앞말 '물'의 끝이 자음이고 뒷말이 '야'로 시작하는 경우에 해당하므로 'ㄴ' 소리가 첨가되는데, [물냑]이 아닌 [물략]으로 발음한다. 그 이유는 뒷말의 첫소리에 첨가된 'ㄴ'이 앞말의 받침인 'ㄹ'의 영향을 받아 'ㄹ'로 유음화되었기 때문이다. 따라서 적절한 진술이다.

④ ⓓ는 앞말이 모음으로 끝나고 뒷말이 'ㅁ'으로 시작되므로 앞말의 끝소리에 'ㄴ'이 첨가된 경우인데, 사이시옷을 추가하여 '잇몸'이라고 표기한 것이므로 적절한 진술이다.

09 <보기>는 학생들의 대화이다. 윗글을 바탕으로 할 때 <보기>의 ㉠, ㉡에 들어갈 내용으로 적절한 것은?

2021학년도 3월 고1 학력평가

<보기>

학생 1: '표준어 규정'에 따르면 'ㅚ'는 단모음으로 발음하는 것이 원칙이지만 이중 모음으로 발음하는 것도 허용하더라고. 그러면 '참외'는 [차뫼]로 발음하는 것이 원칙이지만, ___㉠___ 로 발음하는 것도 허용한다고 할 수 있겠어.

학생 2: 그래, 맞아. '표준어 규정'에서는 'ㅟ'도 이중 모음으로 발음하는 것을 허용하고 있어. 이에 따른 'ㅟ'의 이중 모음 발음은 'ㅑ, ㅒ, ㅕ, ㅖ, ㅘ, ㅙ, ㅛ, ㅝ, ㅞ, ㅠ, ㅢ'의 발음 중에 _____㉡_____.

	㉠	㉡
①	[차뭬]	포함되어 있지 않아
②	[차뭬]	'ㅢ' 소리에 해당해
③	[차메]	포함되어 있지 않아
④	[차메]	'ㅢ' 소리에 해당해

09

정답분석

① '표준어 규정'에 따르면 'ㅚ'와 'ㅟ'는 단모음으로 발음하는 것이 원칙이지만 이중 모음으로 발음하는 것도 허용한다. 'ㅚ'를 이중 모음으로 발음할 경우에는 반모음 '[w]'와 'ㅔ' 소리를 연속하여 발음하며 이 소리는 'ㅞ'의 발음에 해당한다. 따라서 ㉠에 들어갈 발음으로 적절한 것은 [차뭬]이다. 'ㅟ'를 이중 모음으로 발음할 경우에는 반모음 '[w]'와 'ㅣ' 소리를 연속하여 발음하며 이 소리는 'ㅑ, ㅒ, ㅕ, ㅖ, ㅘ, ㅙ, ㅛ, ㅝ, ㅞ, ㅠ, ㅢ'의 발음 중에 없으므로 ㉡은 '포함되어 있지 않아'가 적절하다.

04 품사

품사의 구분

→ 단어들을 성질이 공통된 것끼리 모아 갈래를 지어 놓은 것

1. 우리말에는 아홉 가지 품사가 있다.

→ 명사, 대명사, 수사, 조사, 동사, 형용사, 관형사, 부사, 감탄사

2. 품사 분류 기준

┌ **형태:** 문장에서 사용될 때 형태가 변하느냐 아니냐에 따라 가변어, 불변어로 나뉜다.

예 · 밥을 먹고 놀자. 밥을 먹으니 배가 부르다. (가변어)
· 꽃이 너무 예쁘다. 나도 꽃을 원해. (불변어)

├ **기능:** 문장에서 어떤 기능을 하느냐에 따라 체언, 관계언, 용언, 수식언, 독립언으로 나뉜다.

├ 체언: 문장의 주체 기능
├ 관계언: 문법적인 관계를 나타내는 기능
├ 용언: 문장의 서술어 기능
├ 수식언: 수식하거나 한정하는 기능
└ 독립언: 독립적으로 쓰이는 기능

└ **의미:** 단어들이 어떤 의미적 특성을 갖느냐에 따라 명사, 대명사, 수사, 조사, 동사, 형용사, 관형사, 부사, 감탄사로 나뉜다.

형태에 따라	기능에 따라	의미에 따라		예
불변어	체언	명사	대상의 이름을 나타냄	연필, 선생님, 나무, 개
		대명사	대상의 이름을 대신 나타냄	그, 이것, 우리
		수사	대상의 수량이나 순서를 나타냄	하나, 둘, 첫째, 둘째
	수식언	관형사	체언 앞에 놓여서 체언의 내용을 꾸며줌	새, 헌, 한
		부사	용언, 관형사, 다른 부사 또는 문장 앞에 놓여서 그 뜻을 분명하게 함	갑자기, 매우, 그리고, 빨리
	독립언	감탄사	놀람, 느낌, 부름, 응답을 나타냄	앗, 아이코, 네
가변어	관계언	조사	문법적 관계를 나타내거나 두 단어를 같은 자격으로 이어 주거나 특별한 뜻을 더해 줌	이/가, 을/를, 도, 만 서술격 조사 '이다'*
	용언	동사	대상의 동작이나 작용을 나타냄	먹다, 가다, 주다
		형용사	대상의 성질, 상태를 나타냄	예쁘다, 아프다

서술격 조사 '이다'
서술격 조사 '이다'는 체언 뒤에 붙어 서술어 자격을 가지게 하는 격 조사이다. '이다'는 다른 조사들과 달리 '이는구나, 이니, 이면, 이어서' 등과 같이 형태가 변하므로 가변어에 속한다.

체언

→ 명사, 대명사, 수사:
문장에서 몸의 역할을
하는 품사

1. 명사: 구체적이거나 추상적인 대상의 이름을 나타내는 단어　　예 꽃, 나비

┌ **종류**

구분	종류	개념	예
사용 범위	고유 명사	특정한 사람이나 사물에 붙인 이름	서울, 숭례문
	보통 명사	일반적인 사물의 이름	책상, 학교, 서랍
자립성 유무	자립 명사	관형어의 꾸밈 없이도 쓰일 수 있는 명사	하늘, 사랑, 학교
	의존 명사	반드시 관형어의 꾸밈을 받아야만 쓰일 수 있는 명사	바, 것, 수, 줄, 적
감정 표현 능력 유무	유정 명사	사람이나 동물을 가리키는 명사	사람, 말, 소
	무정 명사	식물이나 무생물을 가리키는 명사	꽃, 바다, 돌
손으로 만질 수 있는지 여부	구체 명사	손으로 만질 수 있는 구체적인 모습을 나타내는 명사	책, 의자
	추상 명사	손으로 만질 수 없는 추상적인 개념을 나타내는 명사	사랑, 희망

┌ **의존 명사**

┌ 주로 관형어의 수식을 받아야만 쓰일 수 있는 명사

예 대로, 만큼, 뿐, 것, 이, 분, 지, 만, 데, 바, 수, 리, 따름, 따위, 때문, 양, 체, 척, 법, 만, 듯, 단위성 의존
명사(개, 분, 마리, 자, 섬, 원, 번, 켤레)

└ 다른 문장 성분의 수식을 받아야 하기 때문에 자립성이 없지만, '명사'이기 때문에 자립 형태소로 분류
해야 한다. 또한 하나의 단어이므로 띄어 써야 한다.

☆ 의존 명사와 형태가
같은 다른 품사의 구별

형태가 같은 의존 명사,
조사, 어미를 구별할 때
에는 앞에 붙는 말의 품
사나 성분을 확인한다.
관형어 뒤에 쓰이면 의존
명사, 체언 뒤에 쓰이면
조사, 어간 뒤에 쓰이면
어미이다.

예 • 어떤 분이 선생님을 찾아오셨습니다.　　　• 고향을 떠난 지가 5년이 지났다.

　 • 그럴 리가 없다.　　　　　　　　　　　　• 그 소식을 들으니 기쁠 따름이다.

　 • 그가 고맙기 때문이죠.　　　　　　　　　• 옷을 입은 채로 물에 들어갔다.

　 • 못 이기는 척 시키는 대로 하렴.　　　　　• 사과 두 개를 먹었다.

구분	종류	예
대로	의존 명사	본 대로, 느낀 대로, 도착하는 대로, 있는 대로, 약해질 대로
	조사	법대로, 큰 것대로
만큼	의존 명사	주는 만큼, 참을 만큼
	조사	그 사람만큼, 대궐만큼
듯	의존 명사	박은 듯, 무너질 듯 말 듯
	어미	땀이 비 오듯
들	의존 명사	과일에는 사과, 배, 감 들이 있다
	조사	다들 떠나갔구나, 다 떠나들 갔구나
	접사	사람들, 그들, 너희들, 사건들
데	의존 명사	의지할 데 없는 사람, 이 일을 하는 데(에) 며칠이 걸렸다
	어미	여기가 우리 고향인데 경치 좋은 곳이지, 그 옷 얼만데?
채	의존 명사	신발을 신은 채로 거실을 돌아다녔다, 의자에 걸터앉은 채로
	부사	설명이 채 끝나기도 전에
뿐	의존 명사	소문으로만 들었을 뿐이네, 시간만 보냈다 뿐이지 한 일은 없다
	조사	이제 믿을 것은 오직 실력뿐이다

2. 대명사: 사람이나 사물의 이름을 대신 가리켜 이르는 말

1) 인칭 대명사: 사람의 이름을 대신 가리키는 말

구분		예사말(예사 낮춤)	높임말	낮춤말(아주 낮춤)
1인칭		나, 우리(들)	없음	저, 저희(들)
2인칭		자네	그대, 당신, 여러분	너, 너희(들)
3인칭	근칭	이이	이분	이자
	중칭	그이	그분	그자
	원칭	저이	저분	저자
미지칭		누구	-	-
부정칭		누구, 아무, 아무개	-	-
재귀칭		자기	당신	저, 저희(들)

미지칭: 모르는 사람을 가리키는 말이다. (가리키는 대상이 분명함)
예 저 사람이 <u>누구</u>인가요?

부정칭: 정해지지 않은 막연한 사람을 가리키는 말이다. (가리키는 대상이 분명하지 않음)
예 • <u>누가</u> 왔어?
  • <u>누구</u>든지 할 수 있다.

재귀칭: 앞에 한 번 나온 명사를 다시 가리킬 때 쓰는 인칭 대명사이다.
예 • 얘들이 어려서 <u>저희들</u>(=자기들) 밖에 몰라요.
  • 할아버지께서는 생전의 <u>당신</u>의 장서를 소중히 다루셨다.

심화 학습   당신

2인칭 대명사와 재귀칭 대명사로 모두 쓰이므로, 그 쓰임을 구별해야 한다.

- 듣는 이를 가리키는 2인칭 대명사   예 그 일을 끝낸 사람이 <u>당신</u>이오?
- 부부 사이에서, 상대편을 높여 이르는 2인칭 대명사   예 <u>당신</u>에게 좋은 아내가 되도록 노력할게요.
- 맞서 싸울 때 상대편을 낮잡아 이르는 2인칭 대명사   예 <u>당신</u> 나 알아?
- '자기'를 아주 높여 이르는 재귀칭 대명사   예 할머니께서는 생전에 <u>당신</u>의 가구를 소중히 다루셨다.

심화 학습   우리

포함 대상이 다를 수 있어 그 쓰임을 구별해야 한다.

- 말하는 이와, 듣는 이, 또는 말하는 이와 듣는 이를 포함한 여러 사람을 가리키는 경우
  예 형, 우리 오늘 북한산에 갈까? / 우리의 소원은 통일
- 듣는 이를 제외한 말하는 이, 제3자를 포함한 경우   예 우리 먼저 갈게.
- 말하는 이가 자기보다 높지 않은 사람을 상대하여 어떤 대상이 자기와 친밀한 관계임을 나타낼 때
  예 우리 엄마, 우리 학교

---

2) 지시 대명사: 사물의 이름을 대신 가리키는 말

사물	이것, 그것, 저것, 무엇 등
장소	여기, 거기, 저기, 어디 등

방향을 나타내는 '이리',
'그리'는 대명사가 아닌
부사이다.
예 이리 가까이 와봐.

3. 수사: 수량이나 순서를 가리키는 단어

종류	의미	예
양수사	사물의 수량을 나타내는 수사	하나, 서넛, 일, 이
서수사	사물의 순서를 나타내는 수사	첫째, 서너째, 제일, 제이

심화 학습   수사로 헷갈리기 쉬운 단어

의미상 수를 나타낸다고 모두 수사인 것은 아니다.   예 하루는 24시간이다. / 이틀을 꼬박 굶었다.

관계언

➡ 조사: 문장에 쓰인 다른 단어들과의 관계를 나타내는 기능

1. 조사: 주로 체언 뒤에 붙어서 다른 말과의 문법적 관계를 나타내거나 특별한 뜻을 더해 주는 역할을 하는 단어

┌ **특징**

┌ 주로 체언과 결합하지만 관형사와 감탄사 외의 모든 품사에 두루 붙는다.

├ 자립성은 없지만 단어로 취급한다.

├ 서술격 조사 '이다'를 제외하고 활용하지 않는다. (불변어)

├ 이형태가 존재한다.   예 이/가, 을/를, 은/는, 와/과

└ 조사는 생략이 가능하며 조사끼리 결합이 가능하다.

└ **종류**

┌ 격 조사: 선행하는 체언에 문법적 자격을 부여하는 조사

├ 보조사: 여러 격에 두루 쓰이면서 특별한 의미를 더해 주는 조사

└ 접속 조사: 단어나 구 따위를 같은 자격으로 이어 주는 조사

1) 격 조사: 체언이나 체언 구실을 하는 말이 문장 안에서 일정한 자격을 갖추도록 만드는 조사

구분	종류	예
주격 조사	• 이/가, 께서(선행 체언을 높일 때) • 에서(선행 체언이 단체·집단일 때) • 서('혼자, 둘이, 셋이'와 같이 사람의 수를 나타내는 말 뒤에)	• 내가 간다. • 아버지께서 신문을 보신다. • 정부에서 학생들에게 장학금을 주었다. • 아이 혼자서 집을 지킨다.
목적격 조사	을/를	영화를 보다.
보격 조사	이/가('되다, 아니다' 앞에 오는 것으로, 주격 조사와 구별된다)	나는 더 이상 소녀가 아니다.
서술격 조사	이다(다른 조사와 다르게 활용한다)	나는 공무원이다.
관형격 조사	의	나의 열정
부사격 조사	에, 에게, 에서, 로, 로써, 로서, 만큼, 보다, 처럼, 라고, 고, 와/과, 하고(접속 조사와 구별된다) 등	• 공원에서 만나자 • 종이로 학을 접다 • 동생보다 키가 크다 • 얼음으로 되다
호격 조사	아, 야, 이여	선영아, 안녕?

2) 보조사: 앞의 말에 붙어서 특별한 의미를 더해 주는 조사

형태	의미	예
은/는	대조	인생은 짧고, 예술은 길다.
만	한정, 단독	한 가지만 먹지 말고, 골고루 먹어야 한다.
도	역시, 동일	소설만 읽지 말고, 시도 읽어라.
까지, 마저	극단	브루투스 너마저!
조차	첨가	외국어는 쓰기도 어려운 데다 읽기조차 힘들다.
부터	출발점	그는 처음부터 끝까지 말썽이다.
마다	보편	사람마다 자기 나름의 꿈이 있다.
이나	최소 선택	그것이나 가져라.
라도	차선	냄새라도 맡아 보았으면 좋겠다.
야말로	강조, 확인	어린이야말로 나라의 희망이다.
깨나	어느 정도 이상	돈깨나 있다고 남을 깔보면 되겠니?
(이)야	강조	나야 괜찮지만 오히려 네가 걱정이야.
마는	반전, 불만	약속을 했지마는 지켜지지 않았다.
그려/그래	감탄	경치가 좋네그려.
요	높임	오늘은 일기를 썼어요.

- 보조사 '은 / 는'은 주어, 목적어 자리에 쓰이지만 보조사로 취급한다.
- 보조사는 격 조사가 오는 자리에 두루 쓰이며, 다른 격 조사와 어울려 쓰이기도 한다.
  예 • 영희는 사과는 좋아한다.　　　　　• 우리의 목적이 승리만은 아니다.
- 보조사는 부사나 용언과도 결합한다.
  예 • 나는 빨리는 달리지 못했다.　　　　• 너를 만나고는 싶다.

3) 접속 조사: 두 단어를 같은 자격으로 이어 주는 조사

종류	예
와 / 과	선생님과 나는 끝까지 함께 하기로 했다.
하고	누나하고 나하고 만든 꽃밭
(이)랑	너랑 나

2. 주의해야 할 조사의 쓰임

1) 형태가 같은 조사의 구별

에서
- 주격 조사: 단체·집단일 때 쓰인다.
- 부사격 조사: 장소를 나타낼 때 쓰인다.
- 예 우리 학교에서 열린 대회는 우리 학교에서 우승을 차지했다.

이/가
- 주격 조사: 주어 자리에 온다.
- 보격 조사: '되다 / 아니다' 앞에 온다.
- 예 경찰이 멋있다고 말하던 영수는 경찰이 되었다.

와/과
- 접속 조사: 앞뒤를 이어 준다.
- 부사격 조사: 서술어와 연결이 된다.
- 예 민지와 민주는 엄마와 닮았다.

2) 형태가 비슷한 조사의 구별

에게 / 에
- 에게: 유정 명사 다음에 쓴다. 예 민지에게 편지를 줄 것이다.
- 에: 무정 명사 다음에 쓴다. 예 꽃에 물을 줘라.

로서 / 로써
- 로서: 지위나 신분 또는 자격을 나타내거나 동작이 일어나는 곳을 나타낸다.
  - 예 교사로서 말하겠다. / 모든 문제는 너로서 시작되었다.
- 로써: 재료, 수단, 도구 등을 나타내거나 시간을 셈할 때 쓴다.
  - 예 쌀로써 떡을 만든다. / 말로써 천냥 빚을 갚는다. / 고향을 떠난 지 올해로써 20년이 된다.

라고 / 고
- 라고: 직접 인용에 사용한다. 예 그는 나에게 "배고파"라고 말했다.
- 고: 간접 인용에 사용한다. 예 그는 나에게 배고프다고 말했다.

용언

→ 동사, 형용사: 문장의
주체를 서술하는 기능

1. 동사와 형용사

동사: 사람·사물의 동작이나 작용을 나타내는 단어 　예 먹다, 입다, 만들다

형용사: 사람·사물의 상태나 성질을 나타내는 단어 　예 예쁘다, 아프다, 맛있다

1) 구분

구분		동사	형용사
의미		주어의 동작이나 과정을 나타낸다. 예 가다, 입다 → 동작/과정을 나타냄	성질이나 상태를 나타낸다. 예 예쁘다, 어지럽다 → 성질/상태를 나타냄
어미	현재 시제 선어말 어미 -ㄴ/는-	동사 어간 + -ㄴ/는- (O) 예 간다, 입는다	형용사 어간 + -ㄴ/는 (X) 예 예쁜, 어지러운 (X) **진선쌤 TIP** Q. 말이 되지 않나요? A. 아니요. 지금 쓰인 'ㄴ'은 현재 시제 선어말 어미가 아니라 관형사형 전성 어미입니다.
	감탄형 종결 어미	동사 어간 + -는구나 예 가는구나, 입는구나	형용사 어간 + -구나 예 달구나, 예쁘구나
	명령형 / 청유형 어미	동사 어간 + '-아라/어라'(명령형 어미), '-자'(청유형 어미) (O) 예 가라, 입어라, 가자, 입자	형용사 어간 + '-아라/어라'(명령형 어미), '-자'(청유형 어미) (X) 예 착해라 (X), 예쁘자 (X), 행복해라 (X), 건강해라 (X)

2) 구분이 쉽지 않은 동사와 형용사

동사	형용사
낡다, 늙다, 닮다, 맞다, 못나다, 잘나다, 쪼들리다, 쑤시다, 붐비다, 못생기다, 잘생기다, 모자라다	없다, 젊다, 알맞다, 걸맞다, 건강하다, 급급하다, 아니다, 부족하다

'젊다 vs 늙다'
'젊다'는 어떤 성질이나 상태를 정태적으로 나타내기 때문에 형용사로 분류하고, '늙다'는 주체의 움직임을 과정적·동태적으로 나타내기 때문에 동사로 분류한다.

3) 동사와 형용사 모두 쓰는 단어

구분	동사	형용사
크다	·동식물의 몸이 길이가 자라다. 예 키가 컸구나. / 우리 집 강아지는 금방 큰다. ·사람이 자라서 어른이 되다. 예 저는 커서 선생님이 되고 싶어요. ·수준이나 능력 따위가 높은 상태가 되다. 예 지금 크고 있는 분야는 IT이다.	·사람이나 사물의 외형적 길이, 넓이, 높이, 부피 따위가 보통 정도를 넘다. 예 집이 너무 커서 청소하기 힘들다. ·사람의 됨됨이가 뛰어나고 훌륭하다. 예 우리 학교에서 큰 인물을 배출했다.
길다	·머리카락, 수염 따위가 자라다. 예 그녀는 머리가 잘 기는 편이다.	·잇닿아 있는 물체의 두 끝이 서로 멀다. 예 다리가 길다. / 해안선이 길다. ·소리, 한숨 따위가 오래 계속되다. 예 길게 한숨을 내쉬다.
밝다	·밤이 지나고 환해지며 새날이 오다. 예 이 차차 밝아 온다. / 아침 밝는 대로 가겠습니다.	·불빛 따위가 환하다. 예 조명이 밝다. / 오늘따라 달이 밝아 보이네. ·생각이나 태도가 분명하고 바르다. 예 그는 인사성이 밝아 어른들이 좋아하신다. ·예측되는 미래 상황이 긍정적이고 좋다. 예 그의 장래는 밝다.
있다	·사람이나 동물이 어느 곳에서 떠나거나 벗어나지 아니하고 머물다. 예 내가 집에 있을테니 너가 다녀와. ·사람이 어떤 직장에 계속 다니다. 예 옮길 생각 말고 지금 직장에 쭉 있어라. ·사람이나 동물이 어떤 상태를 계속 유지하다. 예 손들고 가만히 있어라. ·얼마의 시간이 경과하다. 예 앞으로 사흘만 있으면 추석이다.	·사람, 동물, 물체 따위가 실제로 존재하는 상태이다. 예 외계인이 있다고 믿는다. ·어떤 사실이나 현상이 현실로 존재하는 상태이다. 예 확실한 증거가 있다. / 그것을 해본 적이 있다. ·어떤 물체를 소유하거나 자격이나 능력 따위를 가진 상태이다. 예 나에게 천 원이 있다. / 그는 고집이 있다. / 이 물건은 주인이 있다. / 선택권이 있다.
늦다	·정한 때보다 지나다. 예 약속 시간에 늦는 사람은 항상 늦는다.	·기준이 되는 때보다 뒤져 있다. 예 시계가 오 분 늦게 간다. ·시간이 알맞을 때를 지나 있다. 또는 시기가 한창인 때를 지나 있다. 예 예정보다 늦게 도착했다. ·곡조, 동작 따위의 속도가 느리다. 예 나는 남들보다 발걸음이 늦다.
감사하다	「-에게 -에, -에게 -을, -에게 -음을, -에 대하여」 고맙게 여기다. 예 나는 친구에게 도와준 것에 감사했다. / 그는 그 사실에 대해서 감사하고 있다.	「-이, -어서, -으면」 고마운 마음이 있다. 예 당신의 작은 배려가 대단히 감사합니다. / 용서해 주셔서 감사합니다. / 참석해 주시면 감사하겠습니다.
굳다	·무른 물질이 단단하게 되다. 예 기름이 굳어서 설거지하기가 힘들다. ·근육이나 뼈마디가 뻣뻣하게 되다. 예 나이가 들수록 관절이 조금씩 굳는다. ·표정이나 태도 따위가 딱딱해지다. 예 꾸지람을 듣자 표정이 싹 굳었다. ·몸에 배어 버릇이 되다. 예 말버릇이 굳어 버리면 고치기 어렵다. ·돈이나 쌀 따위가 헤프게 없어지지 아니하고 자기의 것으로 계속 남게 되다. 예 친구 덕에 돈이 굳었다.	·누르는 자국이 나지 아니할 만큼 단단하다. 예 진 땅을 밟지 말고 굳은 땅을 밟아라. ·흔들리거나 바뀌지 아니할 만큼 힘이나 뜻이 강하다. 예 입을 굳게 다물고 그와의 약속을 지켰다. ·재물을 아끼고 지키는 성질이 있다. 예 그는 돈을 잘 빌려주지 않는 굳고 인색한 사람이다.

2. 용언의 어간과 어미: 어간은 용언이 활용할 때 변하지 않는 부분이고, 어미는 용언의 어간을 제외한 나머지 부분으로, 용언이 활용할 때 변하는 부분이다.

예 잡다: 잡으니, 잡고 ➔ 변하지 않는 부분인 '잡-'은 어간이고, 변하는 부분인 '-으니', '-고'는 어미이다.

```
              용언 = 어간 + 어미
                           │
                  ┌────────┴────────┐
              선어말 어미          어말 어미
                                      │
                         ┌────────────┼────────────┐
                      종결 어미     연결 어미     전성 어미
```

1) 어말 어미: 용언을 끝맺는 위치에 놓이는 어미로, 기능에 따라 종결 어미, 연결 어미, 전성 어미로 나뉜다.

종결 어미: 문장 끝에 와서 문장을 종결시키는 어미

종류	어미	예
평서형	-다, -네, -오, -습니다	재인이가 간다.
의문형	-느냐, -오, -ㅂ니까, -니	언제 시작하니?
명령형	-아라/어라, -게, -오, -십시오	어서 앉아라.
청유형	-자, -세, -ㅂ시다	빨리 밥 먹자.
감탄형	-(는)구나, -(는)구려	멋있구나.

연결 어미: 문장이나 단어를 연결시키는 어미

종류	어미	예
대등적	-고, -며, -지만, -거나	비가 오고, 바람이 분다.
종속적	-면, -니, -니까, -려고, -더라도	그에게 주려고 선물을 샀다.
보조적	-아/어, -게, -지, -고	밥을 먹고 싶다.

전성 어미: 용언이 명사, 관형사, 부사의 역할을 할 수 있도록 용언의 서술 기능을 또 다른 기능으로 바꾸어 주는 어미

종류	어미	예
명사형 전성 어미	-(으)ㅁ, -기	밥을 먹음, 책을 읽음
관형사형 전성 어미	-(으)ㄴ, -는, -(으)ㄹ, -던	예쁜 꽃, 탈 것, 먹던 음식
부사형 전성 어미	-게, -도록, -(아)서 등	빠르게 달리다. 먹도록 해라.

명사형 전성 어미 '-ㅁ'은 'ㄹ' 받침인 용언의 어간 뒤에도 붙는다. 따라서 활용형 표기 시 'ㄹ'을 탈락시키지 않아야 한다.
예 • 살(다) + -ㅁ:
삶(○) / 삼(×)
• 베풀(다) + -ㅁ:
베풂(○) / 베품(×)

전성 어미는 단어 자체의 품사를 바꾸지는 않는다. 전성 어미가 붙으면 '명사형, 관형사형, 부사형'으로 바뀌어 문장에서 다른 문장 성분으로 기능할 수 있지만, 단어가 지닌 원래의 품사가 변하지는 않는다.
예 • 신문을 읽다. (동사) / 신문 읽기는 필수적이다. (명사의 기능을 하지만 품사는 동사)
• 너의 차는 봐도 봐도 새롭다. (형용사) / 차가 새롭게 변하고 있다. (부사의 기능을 하지만 품사는 형용사)

심화 학습 주의 사항 - 명사형 vs 파생명사⭐

명사형(품사는 동사나 형용사)은 파생 명사와 형태가 비슷하거나 동일하기 때문에 주의해야 한다.

명사형	파생 명사
• 품사는 동사, 형용사 • 어간에 어미가 붙은 형태 • 서술성이 있음 • 부사어의 수식을 받음	• 품사는 명사 • 어간에 접사가 붙은 형태 • 서술성이 없음 • 관형어의 수식을 받음

예 ·빠른 걸음으로 걸음   ·웃음을 웃음

2) 선어말 어미: 어간과 어말 어미 사이에 와서 시제, 높임, 공손을 나타내는 기능을 한다.

종류	어미	예
시제 선어말 어미	-았-/-었- (과거), -더- (회상)	밥을 먹었다. 밥을 먹더라.
	-ㄴ-/-는- (현재)	밥을 먹는다.
	-겠- (미래), -리- (의지)	밥을 먹겠다. 밥을 먹으리라.
높임 선어말 어미	-시- (주체 높임)	어머니께서 책을 읽으신다.
공손 선어말 어미	-옵-/-삽-	그러하옵고, 밥을 먹삽고

> 선어말 어미가 항상 있는 것은 아니며, 둘 이상의 선어말 어미가 올 수도 있다.
> 예 가시었다.

3. 본용언과 보조 용언

용언 = 본용언의 어간 + 보조적 연결 어미(-아/어, -게, -지, -고) + 보조 용언
         ↳ 실질적인 뜻을 나타낸다.   ↳ 보조적 의미를 더해준다.
            자립성을 가진다.   독립적으로 쓰이지 못한다.

예 접시를 깨뜨려 버렸다.

→ '깨뜨려'는 본용언이고, '버렸다'는 보조 용언이다. 보조 용언은 혼자서 쓰이지 못하므로 본용언인 '깨뜨려'를 없애면 의미가 달라진다. (본용언은 필수적 성분이고, 보조 용언은 수의적 성분이다.)

1) 본용언과 보조 용언의 구별

┌ 용언이 2개 이상 연속되었을 때, 맨 앞의 것이 본용언이다.   예 밥을 먹고 싶다.
└ 두 번째 이하의 용언이 단독으로 서술어가 되어도 의미 변화가 없으면 본용언이다.

예 • 사과를 깎아 주었다. → 사과를 깎았다. (본용언) + 사과를 주었다. (본용언)
　 • 값을 깎아 주었다. → 값을 깎았다. (본용언) + 값을 주었다.* (보조 용언)

본용언과 보조 용언을 구별하여 쓰시오.

01. 약속을 잊어 버렸다.　　　　　　　　[보조 용언]

02. 부침개나 부쳐 먹자.　　　　　　　　[본용언]

03. 편지를 읽어 드리다.　　　　　　　　[보조 용언]]

04. 비도 오고 하니까 막걸리나 마시자.　　[보조 용언]]

05. 관객들을 울리고 웃기고 한다.　　　　[본용언]

---

2) 보조 동사와 보조 형용사의 구분: 일반적인 경우, 본용언일 때의 품사를 따라간다.

예 • 일이 다 끝나 <u>간다</u>. (가다: 동사) → 보조 동사

형태	구분 방법	품사	예
용언 + 아니하다 / 못하다	본용언이 동사인 경우	보조 동사	밥을 먹지 <u>않았다</u>.
	본용언이 형용사인 경우	보조 형용사	편안하지 <u>못하다</u>.
용언 + 보다	경험	보조 동사	말을 들어 <u>보다</u>.
	추측, 원인	보조 형용사	밥을 먹었나 <u>보다</u>.
용언 + 하다	~기(는)(도)(나), ~고 하다	본용언의 품사 따름	• 옷이 좋기는 <u>한데</u>, (보조 형용사) • 먹기는 <u>하는데</u>, (보조 동사)
	나머지	보조 동사	숙제를 하게 <u>하다</u>.
용언 + 있다	–	보조 동사	밥을 먹고 <u>있다</u>.

4. 용언의 활용

규칙 활용: 어간과 어미가 결합하는 과정에서 어간과 어미 모두 형태 변화가 없는 활용이거나, 보편적 음운 규칙으로 형태 변화가 설명되는 활용이다.

규칙	개념 및 특징	예
규칙적 활용	어간과 어미 모두 형태 변화가 없음	씻다 - 씻고 - 씻으니 - 씻어라
'ㄹ' 탈락 규칙	어간의 끝 'ㄹ' + 어미 'ㄴ, ㄹ, ㅂ, ㅅ, 오(나를보시오)'	놀다 - 노는, 놀, 놉니다, 노시오
'ㅡ' 탈락 규칙	어간의 끝 'ㅡ' + 모음 어미	• 쓰 + 어라 = 써라 • 잠그 + 아 = 잠가

불규칙 활용: 용언이 활용할 때 어간과 어미의 기본 형태가 달라지는 경우로, 보편적 음운 규칙으로 설명할 수 없는 형태 변화를 하는 활용이다.

1) 어간이 바뀌는 경우

종류	변화 양상	불규칙 활용 예	규칙 활용 예
'ㅅ' 불규칙	어간의 끝소리 'ㅅ'이 모음 앞에서 탈락함	굿다 - 그어 붓다 - 부어	벗다 - 벗어 솟다 - 솟아
'ㄷ' 불규칙	어간의 끝소리 'ㄷ'이 모음 앞에서 'ㄹ'로 바뀜	묻다(問) - 물어 일컫다 - 일컬어	닫다 - 닫아 쏟다 - 쏟아
'ㅂ' 불규칙	어간의 끝소리 'ㅂ'이 모음 앞에서 '오/우'로 바뀜	가깝다 - 가까워 굽다 - 구워	뽑다 - 뽑아 씹다 - 씹어
'르' 불규칙	어간의 끝소리 'ㅡ'가 탈락하면서 'ㄹ'이 덧생김	이르다(早) - 일러 오르다 - 올라	치르다 - 치러 우러르다 - 우러러
'우' 불규칙	어간의 끝소리 'ㅜ'가 모음 앞에서 탈락함	푸다 - 퍼	주다 - 주어 두다 - 두어

매개 모음

주로 'ㄹ'을 제외한 받침 있는 용언의 어간 뒤에 붙어 두 자음 사이에서 음을 고르게 하는 모음이다.

예 • 먹+(으)니 = 먹으니, 잡+(으)면 = 잡으면, 알맞+(으)ㄴ = 알맞은

• 놀+(으)니 = 노니(놀으니x), 날+(으)면 = 날면(날으면x), 녹슬+(으)ㄴ = 녹슨(녹슬은x)

심화 학습 '굽다(曲) vs 굽다(炙)', '묻다(埋) vs 묻다(問)' 활용 비교

굽다(曲)	굽다 - 굽고 - 굽어 - 굽은 (규칙) 예 할머니 허리가 많이 굽으셨다.	묻다(埋)	묻다 - 묻고 - 묻어 - 묻은 (규칙) 예 쓰레기를 묻었다.
굽다(炙)	굽다 - 굽고 - 구워 - 구운 (불규칙) 예 구운 고구마	묻다(問)	묻다 - 묻고 - 물어 - 물은 (불규칙) 예 정답을 물어 보다.

심화 학습 '붇다 vs 불다 vs 붓다' 활용 비교

붇다	·물에 젖어서 부피가 커지다. 예 라면이 붇다. ·분량이나 수효가 많아지다. 예 재산이 붇다. ·살이 찌다. 예 몸이 많이 붇다.	붇다 - 붇고 - 불어 - 불으니 ('ㄷ'불규칙)
불다	·바람이 일어나서 어느 방향으로 움직이다. 예 바람이 불다. ·입김을 내거나 바람을 일으키다. 예 리코더를 불다.	불다 - 불고 - 불어 - 부니 ('ㄹ'탈락)
붓다	·살가죽이나 어떤 기관이 부풀어 오르다. 예 다리가 붓다. ·액체나 가루 따위를 다른 곳에 담다. 예 밀가루를 붓다.	붓다 - 붓고 - 부어 - 부으니 ('ㅅ'불규칙)

2) 어미가 바뀌는 경우

종류	변화 양상	불규칙 활용 예	규칙 활용 예
'여' 불규칙	'하-' 뒤에 오는 어미 '-아/어'가 '-여'로 바뀜	공부하+어 → 공부하여	치+어 → 치어
'러' 불규칙	어간의 끝소리 '르'와 만난 어미의 첫소리 '-어'가 '-러'로 바뀜	이르다(至) - 이르러 푸르다 - 푸르러 노르다 - 노르러	들르다 - 들러 치르다 - 치러
'오' 불규칙	'달다'의 뒤에 오는 명령형 어미 '-어라'가 '-오'로 바뀜	달+어라 → 다오	주+어라 → 주어라

3) 어간과 어미가 모두 바뀌는 경우

종류	변화 양상	불규칙 활용 예	규칙 활용 예
'ㅎ' 불규칙	어간의 끝소리 'ㅎ'과 모음으로 시작하는 어미가 만나면 'ㅎ'이 탈락하고 어미도 바뀜	파랑+아 → 파래 퍼렇+어 → 퍼레 허옇+어 → 허예	좋+아 → 좋아

수식언

→ 관형사, 부사: 수식하
거나 한정하는 기능

1. 관형사: 체언을 꾸며 주는 단어   예 이, 새, 한, 모든, 여러

┌ **특징**

├ 형태가 고정되어 있어 활용하지 않는다.

├ 조사와 결합할 수 없다.

└ 주로 명사를 수식하나, 수사와 대명사도 수식할 수 있다.

　예 • 그 무엇이 너를 힘들게 하니?　　　　　　• 이 셋이 모이면, 뭐든 할 수 있다.

┌ **종류**

관형사	기능	예
성상 관형사	체언의 성질이나 상태를 꾸며줌	옛 모습, 헌 책
지시 관형사	체언을 가리킴	이 사람, 저 선생님
수 관형사	수량을 나타냄	한 사람, 배 세 척

심화 학습　주의 사항 - 품사의 구별☆

1. 관형사 VS 대명사/수사
   → 조사가 결합할 수 있으면 대명사/수사, 결합할 수 없으면 관형사이다.
   　예 • 그가 더 크다. (대명사) / 그 사람이 더 크다. (관형사)
   　　• 사람 다섯이 모였다. (수사) / 다섯 사람 (관형사)

2. 관형사 VS 용언의 관형사형 (동사, 형용사)
   → 활용하지 않고 체언을 수식하면 관형사, 활용하고 서술성을 지니며 기본형이 존재하면 동사나 형용사이다.
   　예 • 새 옷 (관형사) / 헌 신문지를 모으다. (관형사) / 다른 사람은 다 가고 나만 남았다. (관형사)
   　　• 새로운 옷(형용사) / 단층집을 헌 자리에 새 건물이 들어섰다. (동사) / 그 사람은 우리와 다른 사람이다. (형용사)

---

2. 부사: 주로 용언이나 문장을 꾸며 주는 단어   예 아주, 일찍, 가장, 아낌없이

┌ **특징**

├ 형태가 고정되어 있어 활용하지 않는다.

├ 격 조사와는 결합할 수 없지만, 보조사와는 결합할 수 있다.　예 빨리도 간다.

└ 용언, 관형사, 다른 부사, 문장 전체를 꾸밀 수 있다.

　예 • 그는 매우 착하다. (용언 수식)　　　　• 아주 새 옷(관형사 수식)
　　• 꽤 많이 쌓였다. (부사 수식)　　　　　• 제발 비가 왔으면 좋겠다. (문장 전체 수식)

┌ **종류**

성분 부사	성상 부사	• 일반 부사 예 아주, 매우, 너무 • 의성/의태 부사 예 철썩철썩, 깡충깡충
	지시 부사	장소, 시간, 앞에 나온 말을 지시하는 부사 예 이리 오너라. / 내일 만나자. / 그리 말고 집에 가자.
	부정 부사	용언의 의미를 부정하는 부사 (안, 아니, 못)　예 안 일어났다. / 아니 먹다. / 잠을 못 자다.
문장 부사	양태 부사	화자의 태도를 표시하는 부사　예 과연, 설마, 제발, 결코, 아마 등
	접속 부사	단어와 단어, 문장과 문장을 이어 주는 부사　예 그리고, 그러나, 곧, 또는, 및

일부 부사는 체언을 수식
하는 기능을 하기도 한
다. '바로, 오직, 다만, 단
지, 제일, 가장, 겨우, 아
주, 특히' 등은 문장에서
명사를 꾸미기도 하지만,
품사를 '부사'로 본다.
예 바로 너, 오직 너, 다
만 너, 단지 너, 제일
부자, 가장 부자 등

심화 학습 부사 VS 형용사

→ 활용하지 않으면 부사, 활용하고 서술성을 지니며 기본형이 존재하면 형용사이다.

예 • 빨리 집에 가자. (부사)　　　　• 빠르게 집에 가자. (형용사)

독립언

→ 감탄사: 문장에서 독립적인 기능

┌ **개념**: 감정을 넣어 말하는 이의 놀람, 느낌, 부름이나 대답을 나타내는 단어

│ 예 아, 아차, 글쎄, 에라, 여보, 여보세요, 그래, 아, 뭐, 응 등

│　　→ 사랑! 듣기만 해도 가슴이 뜨거워지는구나.

│　　→ 영희야, 집에 가자.

└ **특징**

　┌ 조사가 붙지 않으며 활용하지 않는다.

　└ 문장에서의 위치가 비교적 자유롭다.

품사의 통용

→ 한 단어가 둘 이상의 품사로 쓰이는 것

1. 대로, 만큼, 뿐

관형어 + 의존 명사	예 • 아는 대로 말해라. • 심장 소리가 들릴 만큼 떨렸다. • 그는 웃고만 있을 뿐이다.
체언 + 조사	예 • 법대로 해결하려고 한다. • 나도 너만큼 할 수 있다. • 내가 줄 수 있는 것은 이것뿐이다.

심화 학습 '뿐'의 품사 통용☆

품사	구성	예
의존 명사	관형어 뒤	소문으로만 들었을 뿐이네.
	'-다 뿐이지'의 구성	이름이 나지 않았다 뿐이지 성실한 사람이다.
조사	체언 뒤	나는 너뿐이다.
어미	'-ㄹ뿐더러'의 구성	이 선물은 예쁠뿐더러 실용적이다.

2. 오늘, 어제, 내일, 모레, 지금, 진짜, 정말, 가로, 세로

명사 + 조사	예 • 내일의 날씨를 알려 드리겠습니다. • 가로와 세로의 길이가 같다.
뒤의 용언을 수식할 때: 부사	예 • 내일 다시 보자. • 고개를 가로 내젓다.

3. 이, 그, 저

대명사 + 조사	예 • 이는 중요한 사실이다. • 그는 성실하다.
관형사 + 체언	예 • 이 의자는 튼튼하다. • 그 사람 말을 믿어?

4. 수를 나타내는 말

수사 + 조사	예 넷에 넷을 더하면 여덟이다.
관형사 + 체언	예 여덟 명이다.

5. 같이, 보다, 마저

체언 + 조사	예 • 나는 누구보다 동생에 대해 잘 안다. • 너마저 나를 떠나는구나.
부사 + 용언	예 • 보다 나아지기 위해서 노력하고 있다. • 내 말을 마저 들어라.

6. -적

명사 + 조사	예 그 글을 평가하려 하지 말고 비교적인 차원에서만 살펴보아라.
관형사 + 체언	예 비교적 고찰에 따르면 그 도자기의 가치는 고려청자보다 높다.
부사 + 용언/부사	예 내 상황은 그에 비하면 비교적 나은 편이다.

7. 들

사물 나열 + 들: 의존명사	예 사과, 배, 감 들이 많이 있다.
하나의 체언 뒤에 붙음: 접사	예 과일들이 많다.

8. 지, 만

시간의 흐름, 경과: 의존 명사		예 • 너를 만난 지 일 년이 되었다. • 10년 만에 만났다. • 세 번 만에 합격했다. ☆
그 외의 것	지: 어미	예 그 일을 할지 말지 고민이다.
	만: 조사	예 이것은 그것만 못하다.

9. 바

뒤에 조사 결합 O: 의존 명사	예 너가 느낀 바(를) 말해 봐라.
뒤에 조사 결합 X: 어미	예 우리의 일은 이미 정해진바 빠르게 움직이자.

10. 데

'것, 곳, 일, 경우'로 대체 가능: 의존 명사	예 • 그 책을 다 읽는 데 3시간이 걸렸다. • 말할 데 없는 사람
'것, 곳, 일, 경우'로 대체 불가: 어미	예 방은 깨끗한데 너무 작다.

📝 기출 문제 풀이로 핵심 포인트

다음 중 맞으면 O, 틀리면 X 표시하시오.

01. '아주 곤혹스런 상황에 빠졌다'는 용언의 활용이 적절하다. 　　　　

02. '내 처지가 너무 설워서 눈물만 나온다'는 용언의 활용이 적절하다. 　　　　

03. 부사가 체언을 수식하는 경우는 없다. 　　　　

04. '이것 말고 저것을 주시오'에서 '말고'는 보조 용언이다. 　　　　

05. '그는 자기 일 밖의 다른 일에는 관심이 없다'에서 '다른'은 격 조사나 어미를 취할 수 있는 단어이다. 　　　　

06. '천세나 만세를 누리소서'에서 '만세'는 명사이다. 　　　　

07. '는'은 '그는 학교에 갔다'의 경우에는 주격 조사이지만 '일을 빨리는 한다'의 경우에는 보조사이다. 　　　　

정답 01 X ('곤혹스럽다'는 'ㅂ 불규칙 활용 용언'으로 '곤혹스러운'이 적절한 활용이다) 02 O 03 X ('겨우 둘만 남았다'와 같이 부사가 체언을 수식하는 경우도 있다) 04 X (용언이 하나밖에 없으므로 '말고'는 본용언이다) 05 X (이 문장에서 '다른'은 관형사이다. 그러므로 격 조사나 어미를 취할 수 없다) 06 O 07 X ('는'은 보조사이므로 격 조사가 될 수 없다.)

[01~02] 다음 글을 읽고 물음에 답하시오.

보조사는 앞말에 붙어 특별한 뜻을 더해 주는 기능을 한다. 격 조사가 문법적 관계를 나타내 주는 것과 달리, 보조사는 앞말에 결합되어 의미를 첨가하는 기능을 한다.

ㄱ. 소설만 읽지 말고 시도 읽어라

ㄴ. 소설만을 읽지 말고 시도 읽어라.

위의 ㄱ에서 '만'은 앞 체언에 '한정'의 의미를 더해 주고 있으며, '도'는 앞 체언에 '역시, 또한'의 의미를 더해 주고 있다. 한편 ㄴ의 '만을'에서 확인할 수 있듯이, 보조사와 격 조사가 함께 나타날 수 있다. 이때 문법적 관계는 격 조사가 담당하고 보조사는 앞말에 특정한 의미를 더해 주는 기능을 한다.

보조사의 다른 특징은 결합할 수 있는 앞말이 체언에 국한되지 않고, 부사, 어미 등의 뒤에도 결합할 수 있다는 것이다. 또한 '보조사+격 조사' 혹은 '보조사+보조사'의 형태로도 결합할 수 있고, 격 조사 자리에 보조사가 나타날 수도 있다.

[A]
한편 ⓐ 보조사 중에서 ⓑ 의존 명사 또는 어미와 그 형태가 동일한 경우가 있어 헷갈릴 수 있다.

ㄱ. 나는 나대로 계획이 있다.

ㄴ. 네가 아는 대로 말해라

위 ㄱ에서 '대로'는 대명사 '나'에 결합되었기 때문에 보조사로, ㄴ에서 '대로'는 관형어의 수식을 받기 때문에 의존 명사로 본다.

01 윗글을 참고하여 <보기>의 ⊙~©을 이해한 것으로 적절하지 않은 것은?

<보기>

⊙ 라면마저도 품절됐네.

© 형도 동생만을 믿었다.

© 그는 아침에만 운동했다.

① ⊙: 격 조사 뒤에 '역시, 또한'의 의미를 더해 주는 보조사가 덧붙고 있다.

② ©: 주격 조사 자리에 '도'라는 보조사가 나타나고 있다.

③ ©: 보조사 '만'과 격 조사 '을'이 함께 나타나고 있다.

④ ©: '에'는 체언에 결합하여 문법적 관계를 나타낸다.

02 [A]에서 설명하는 ⓐ, ⓑ의 예에 해당하는 것은?

2023학년도 6월 고1 학력평가

① ⓐ: 너만큼 아는 사람은 드물다.

　 ⓑ: 너는 먹을 만큼만 먹어라.

② ⓐ: 그는 그냥 서 있을 뿐이다.

　 ⓑ: 날 알아주는 사람은 너뿐이다.

③ ⓐ: 나는 사과든지 배든지 아무거나 좋다.

　 ⓑ: 노래를 부르든지 춤을 추든지 해라.

④ ⓐ: 불규칙한 식습관은 건강에 좋지 않다.

　 ⓑ: 친구를 만난 지도 꽤 오래되었다.

01

정답분석

① ⊙에서의 '마저'는 '이미 어떤 것이 포함되고 그 위에 더함'의 뜻을 더해 주는 보조사이고, '도'는 '역시, 또한'의 뜻을 더해 주는 보조사로, '마저도'는 '보조사+보조사'로 결합된 형태이다.

02

정답분석

① ⓐ의 '만큼'은 '너'라는 체언 뒤에 결합하여 특별한 의미를 더해 주고 있으므로 보조사이고, ⓑ의 '만큼'은 '먹을'이라는 관형어의 수식을 받기 때문에 의존 명사이다.

오답해설

② ⓐ는 의존 명사, ⓑ는 보조사이다.

③ ⓐ는 보조사, ⓑ는 어미이다.

④ ⓐ는 어미, ⓑ는 의존 명사이다.

03 [A]를 참고할 때, 밑줄 친 단어의 띄어쓰기가 옳은지 판단한 결과로 적절하지 않은 것은?

명사는 자립성의 유무에 따라 자립 명사와 의존 명사로 나눌 수 있다. 가령 '새 물건이 있다.'에서 '물건'은 관형어인 '새'가 없이 단독으로 쓰일 수 있기 때문에 자립 명사이다. 이와 달리 '헌 것이 있다.'에서 '것'은 관형어인 '헌'이 생략되면 '것이 있다.'와 같이 문법에 맞지 않는 문장이 되므로 의존 명사이다. 이처럼 의존 명사는 관형어의 수식 없이 단독으로 쓰일 수 없으며 조사와 결합한다는 특징이 있다.

[A] 한편 의존 명사 중에는 '만큼'과 같이 동일한 형태가 조사로도 쓰이는 경우가 있는데, 이처럼 하나의 형태가 여러 개의 품사로 쓰이는 것을 품사 통용이라 한다. 예를 들어 '먹을 만큼 먹었다.'의 '만큼'은 관형어 '먹을'의 수식을 받는 의존 명사이지만, '너만큼 나도 할 수 있다.'의 '만큼'은 체언 '너' 뒤에 붙는 조사이다. 이때 의존 명사는 앞말과 띄어 쓰고, 조사는 앞말과 붙여 써야 한다.

	예문	판단
①	노력한 만큼 대가를 얻는다.	×
②	나도 형 만큼 운동을 잘할 수 있다.	×
③	시간이 멈추기를 바랄 만큼 즐거웠다.	○
④	그곳은 내 고향만큼 아름답지는 않다.	○

03

정답분석
① '만큼'은 관형어 '노력한'의 수식을 받는 의존 명사이므로, 앞말과 띄어 써야 한다.

오답해설
② '만큼'은 체언 '형' 뒤에 붙는 조사이므로 앞말과 붙여 써야 한다.
③ '만큼'은 관형어 '바랄'의 수식을 받는 의존 명사이므로 앞말과 띄어 써야 한다.
④ '만큼'은 체언 '고향' 뒤에 붙는 조사이므로 앞말과 붙여 써야 한다.

<보기>

[선생님의 설명]

보조사 '도'는 쓰임새와 의미가 다양해요. 체언뿐만 아니라 연결 어미나 부사, 조사와도 결합할 수 있어요. 또 다양한 문장 성분 자리에 사용되어 '더함'이나 '동격'의 의미를 덧붙입니다. '놀라움의 감정'을 강조하기도 하고, '다른 경우는 더 말할 필요도 없다'는 의미를 나타내기도 하지요. 다음 수업 자료를 보면서 '도'의 다양한 쓰임새와 의미를 알아볼까요?

[수업 자료]

우리 가족들은 오랜만에 시골에 계신 할아버지 댁을 방문했다. 나는 사촌 동생들과 저녁때까지 신나게 뛰어놀고 내가 좋아하는 ⊙ 축구도 함께 했다. 주변이 점점 어두워져서 집에 들어왔더니 어머니께서 저녁을 준비하고 계셨다. ⓒ 평소에도 잘 먹지 않던 나물 반찬이 많아 밥만 먹고 있었더니 할머니께서는 ⓒ 반찬도 먹으라며 나무라셨다. 저녁을 대충 먹고 사촌 동생들과 함께 고구마를 ㉣ 깎아도 먹고 구워도 먹었다. 배가 부르자 피곤이 밀려와서 씻기는커녕 옷을 갈아입지도 못하고 잠들어 버렸다.

① ⊙: 보조사 '도'는 목적어 자리에 쓰일 수 있군.

② ⓒ: 보조사 '도'는 다른 조사와 결합이 가능하군.

③ ⓒ: 보조사 '도'는 놀라움의 감정을 강조하는 의미를 지니고 있군.

④ ㉣: 보조사 '도'를 통해 두 가지 행위가 동등하게 일어남을 알 수 있군.

04

정답분석

③ ⓒ의 보조사 '도'는 '놀라움'이 아니라 '더함'의 의미를 지니고 있다.

05 〈학습 활동〉을 해결한 내용으로 적절한 것은?

〈학습 활동〉

관형사형 어미의 형태는 시제 및 단어의 품사에 의해 결정된다. [자료]에서 밑줄 친 단어의 품사와 시제를 분석하여 그 단어에 쓰인 어미가 [표]의 ㉠~㉢ 중 어느 것에 해당하는지 확인해 보자.

[자료]

ⓐ 하늘에 뜬 태양
ⓒ 늘 푸르던 하늘
ⓔ 이미 아이들로 가득 찬 교실
ⓑ 우리가 즐겨 부르던 노래
ⓓ 운동장에 남은 아이들
ⓕ 달리기가 제일 빠른 친구

[표] 관형사형 어미 체계

	동사	형용사
현재	-는	㉠
과거	㉡	㉢
	-던	
미래	-(으)ㄹ	-(으)ㄹ

① ⓐ의 '뜬'에 쓰인 어미 '-(으)ㄴ'은 ㉠에 해당한다.

② ⓑ의 '부르던'과 ⓒ의 '푸르던'에 쓰인 어미 '-던'은 ㉢에 해당한다.

③ ⓓ의 '남은'과 ⓔ의 '찬'에 쓰인 어미 '-(으)ㄴ'은 ㉡에 해당한다.

④ ⓕ의 '빠른'에 쓰인 어미 '-(으)ㄴ'은 ㉢에 해당한다.

05

정답분석

③ ⓓ의 '남은'은 동사 '남다'의 어간에 과거를 나타내는 관형사형 어미 '-(으)ㄴ'이 결합된 경우이다. 따라서 이때의 '-(으)ㄴ'은 ㉡에 해당한다. ⓔ의 '찬'은 '이미'라는 부사로 짐작할 수 있듯이 동사 '차다'의 어간에 과거를 나타내는 관형사형 어미 '-(으)ㄴ'이 결합된 경우이다. 따라서 이때의 '-(으)ㄴ'도 ㉡에 해당한다.

06 <보기>의 ⊙을 설명할 수 있는 사례로 가장 적절한 것은?

2014학년도 3월 고3 학력평가

<보기>

　동사는 움직임이나 작용을 나타내고, 형용사는 성질이나 상태를 나타낸다. 그런데 ⊙ 하나의 단어가 하나 이상의 문법적 성질을 가지고 있어 동사와 형용사 두 가지로 사용되는 경우가 있다. '밝다'의 경우, '달이 밝다.'에서는 '환하다'의 의미로 쓰여 형용사가 되고 '날이 밝는다.'에서는 '밤이 지나고 환해지다'의 의미로 쓰여 동사가 된다.

① 그녀의 속눈썹은 길다. / 긴 겨울방학이 끝났다.

② 나이보다 얼굴이 젊다. / 젊은 나이에 성공을 했다.

③ 봄바람이 따뜻하다. / 따뜻한 마음씨를 가져야 한다.

④ 나는 너에 대한 기대가 크다. / 우리 아들은 키가 쑥쑥 큰다.

06

정답분석

④ ⊙은 하나의 단어가 동사와 형용사 두 가지로 쓰이는 경우를 설명하고 있으며 ⊙의 사례로 적절한 것은 ④이다. ④의 '기대가 크다'에서 '크다'는 기대나 생각이 보통 정도를 넘는다는 뜻으로 상태를 나타내는 형용사이고, '쑥쑥 큰다'에서 '크다'는 '자라다'의 뜻으로 작용을 나타내는 동사이다.

<보기>

ㄱ. 날씨가 <u>덥다</u>.

ㄴ. 날씨가 <u>더워</u> <u>온다</u>. / 날씨가 <u>더워온다</u>.

ㄷ. 철수가 밥을 <u>먹고</u> <u>갔다</u>. / *철수가 밥을 <u>먹고갔다</u>.

ㄹ. 영희가 종이배를 <u>접어</u> <u>띄웠다</u>.

    → 영희가 종이배를 <u>접었다</u>. + 영희가 종이배를 <u>띄웠다</u>.

* 비문에 해당함.

---

① ㄱ, ㄴ으로 볼 때, 한 용언이 홀로 쓰이기도 하고 다른 용언과 어울려 쓰이기도 하는군.

② ㄴ의 경우, 뒤의 용언이 앞의 용언의 의미를 보조하는 역할을 하는군.

③ ㄷ으로 볼 때, 문장 안에서 두 용언이 모두 실질적인 의미를 가지고 있으면 띄어 써야 하는군.

④ ㄴ과 ㄷ은 모두 ㄹ처럼 의미가 성립하는 두 문장으로 나눌 수 있겠군.

07

정답분석

④ 하나의 문장에 용언이 2개 이상 쓰일 때, 문장의 주체를 주되게 서술하는 용언을 본용언이라 하고, 본용언과 연결되어 그것의 뜻을 보충하는 역할을 하는 용언을 보조 용언이라 한다. 또한 본용언과 보조 용언으로 구성된 문장에서 본용언은 그것만으로 문장의 주체를 서술하여 문장이 성립하지만 보조 용언만으로 문장을 구성하면 문장이 성립하지 않는다. 따라서 ㄱ의 '덥다'는 본용언으로 쓰인 것이며 ㄴ의 '더워'는 본용언으로, '온다'는 보조 용언으로 쓰인 것이다. 반면 ㄷ에 쓰인 '먹고'와 '갔다'나, ㄹ에 쓰인 '접어'와 '띄웠다'는 각각 모두 본용언으로 쓰인 것이다. 이를 바탕으로 ㄴ을 '날씨가 덥다'와 '날씨가 온다' 등의 두 문장으로 분석하면 '날씨가 온다'는 문장은 의미가 성립하지 않는다. 따라서 'ㄴ과 ㄷ은 모두 ㄹ처럼 의미가 성립하는 두 문장으로 나눌 수 있다'는 진술은 적절하지 않다.

08 <보기>의 ⓐ~ⓓ에 대한 이해로 적절한 것은?

2023학년도 9월 고3 학력평가

<보기>

　국어의 어미는 용언 어간에 붙어 여러 가지 문법적인 기능을 수행한다. 어미는 선어말 어미와 어말 어미로 나누어진다. 선어말 어미는 용언 어간과 어말 어미 사이에 들어가는 것으로 시제나 높임과 같은 문법적 의미를 나타낸다. 선어말 어미는 하나 혹은 둘 이상이 쓰일 수도 있고 아예 쓰이지 않을 수도 있다. 한편 어말 어미에는 종결 어미, 연결 어미, 전성 어미가 있다. 어말 어미는 선어말 어미와 달리 하나만 붙고, 반드시 있어야 한다.

- 이 부분에서 물이 ⓐ 샜을 가능성이 높다.
- ⓑ 번거로우시겠지만 서류를 챙겨 주세요.
- 시원한 식혜를 먹고 갈증이 싹 ⓒ 가셨겠구나.
- 항구에 ⓓ 다다른 배는 새로운 항해를 준비했다.

① ⓐ: 선어말 어미 없이 전성 어미가 사용되었다.

② ⓑ: 선어말 어미 세 개와 연결 어미가 사용되었다.

③ ⓒ: 선어말 어미 두 개와 종결 어미가 사용되었다.

④ ⓓ: 선어말 어미 한 개와 전성 어미가 사용되었다.

08

정답분석

③ ⓒ의 '(갈증이) 가셨겠구나'는 '가시- + -었- + -겠- + -구나'로 형태소가 분석되며, 이때의 '-었-', '-겠-'은 선어말 어미이고 '-구나'는 종결 어미이다. 따라서 선어말 어미 두 개와 종결 어미가 사용되었다.

오답해설

① ⓐ의 '샜을'은 '새- + -었- + -을'로 형태소가 분석되며, 이때의 '-었-'은 선어말 어미이고 '-을'은 전성 어미이다.

② ⓑ의 '번거로우시겠지만'은 '번거롭- + -(으)시- + -겠- + -지만'으로 형태소가 분석되며, 이때의 '-(으)시-', '-겠-'은 선어말 어미이고 '-지만'은 연결 어미이다.

④ ⓓ의 '다다른'은 '다다르- + -ㄴ'으로 형태소가 분석되며, 이때의 '-ㄴ'은 전성 어미이다. ⓓ에는 선어말 어미가 사용되지 않았다.

용언은 문장에서 다양한 형태로 활용하면서 주로 서술어의 역할을 하는 단어로, 동사와 형용사가 있다. 용언이 활용할 때 형태가 변하지 않는 부분을 어간이라고 하고, 형태가 변하는 부분을 어미라고 한다.

어간이나 어미는 문장에서 홀로 쓰일 수 없고, 어간 뒤에 어미가 결합하여 용언을 이룬다. 가령 '먹다'는 어간 '먹-'의 뒤에 어미 '-고', '-어'가 각각 결합하여 '먹고', '먹어'와 같이 활용한다. 그런데 일부 용언에서는 활용할 때 어간의 일부가 탈락하기도 한다. '노는'은 어간 '놀-'과 어미 '-는'이 결합하면서 'ㄹ'이 탈락한 경우이고, '커'는 어간 '크-'와 어미 '-어'가 결합하면서 'ㅡ'가 탈락한 경우이다.

어미는 크게 어말 어미와 선어말 어미로 구분된다. 어말 어미는 단어의 끝에 오는 어미이며, 선어말 어미는 어말 어미 앞에 오는 어미이다. '가다'의 활용형인 '가신다', '가겠고', '가셨던'을 어간, 선어말 어미, 어말 어미로 분석하면 아래와 같다.

활용형	어간	어미		어말 어미
		선어말 어미		어말 어미
가신다		-시-	-ㄴ-	-다
가겠고	가-		-겠-	-고
가셨던		-시-	-었-	-던

어말 어미는 기능에 따라 종결 어미, 연결 어미, 전성 어미로 구분된다. 종결 어미는 '가신다'의 '-다'와 같이 문장을 종결하는 어미이고, 연결 어미는 '가겠고'의 '-고'와 같이 앞뒤의 말을 연결하는 어미이다. 그리고 전성 어미는 '가셨던'의 '-던'과 같이 용언이 다른 품사처럼 쓰이게 하는 어미이다. '-던'이나 '-(으)ㄴ', '-는', '-(으)ㄹ' 등은 용언이 관형사처럼, '-게', '-도록' 등은 용언이 부사처럼, '-(으)ㅁ', '-기' 등은 용언이 명사처럼 쓰이게 한다.

선어말 어미는 높임이나 시제 등을 나타낼 때 쓰인다. 활용할 때 어말 어미처럼 반드시 나타나지는 않지만, 한 용언에서 서로 다른 선어말 어미가 동시에 쓰이기도 한다. 위에서 '가신다', '가셨던'의 '-시-'는 높임을 나타내는 선어말 어미로, 문장의 주체를 높이는 기능을 한다. 그리고 '가신다', '가겠고', '가셨던'의 '-ㄴ-', '-겠-', '-었-'은 시제를 나타내는 선어말 어미로, 각각 현재, 미래, 과거 시제를 나타내는 기능을 한다.

09 윗글을 통해 알 수 있는 내용으로 적절한 것은?

① 용언은 어간의 앞뒤에 어미가 결합한 단어이다.

② 어간은 단독으로 쓰여 하나의 용언을 이룰 수 있다.

③ 어미는 용언이 활용할 때 형태가 유지되는 부분이다.

④ 선어말 어미는 한 용언에 두 개가 동시에 쓰일 수 있다.

09

정답분석

④ 선어말 어미는 어간과 어말 어미 앞에 오는 어미로, 한 용언에 두 개가 동시에 쓰일 수 있다. 예를 들어 '가신다'에는 높임을 나타내는 선어말 어미인 '-시-'와 현재 시제를 나타내는 선어말 어미인 '-ㄴ-'이 결합해 있다.

오답해설

① 어미는 어간의 뒤에 결합한다.

② 어간이나 어미가 하나의 용언을 이루기 위해서는 어간과 어미가 서로 결합하여야 한다.

③ 어미는 용언이 활용할 때 형태가 변하는 부분이다.

10 윗글을 바탕으로 <보기>의 ㄱ~ㄹ의 밑줄 친 부분을 탐구한 내용으로 적절하지 않은 것은? 2023학년도 3월 고1 학력평가

<보기>

ㄱ. 너도 그를 <u>아니</u>?

ㄴ. 사과가 <u>맛있구나</u>!

ㄷ. 산은 <u>높고</u> 강은 깊다.

ㄹ. 아침에 <u>뜨는</u> 해를 봐.

① ㄱ: 어간 '알-'에 어미 '-니'가 결합하면서 'ㄹ'이 탈락하였다.

② ㄴ: 어간 '맛있-'에 종결 어미 '-구나'가 결합하여 문장을 종결하고 있다.

③ ㄷ: 어간 '높-'에 연결 어미 '-고'가 결합하여 앞뒤의 말을 연결하고 있다.

④ ㄹ: 어간 '뜨-'에 전성 어미 '-는'이 결합하면서 용언이 부사처럼 쓰이고 있다.

10

정답분석

④ '뜨는'은 어간 '뜨-'에 전성 어미 '-는'이 결합한 형태의 용언이다. 그런데 여기서 '뜨는'은 뒤에 오는 체언인 '해'를 꾸며준다. 즉, '뜨는'은 주로 용언을 수식하는 기능을 하는 단어인 부사가 아니라 체언을 수식하는 기능을 하는 단어인 관형사처럼 쓰이고 있다.

오답해설

① '알다'의 어간 '알-'에 어미 '-니'가 결합할 때는 '아니'와 같이 쓰이면서 어간의 'ㄹ'이 탈락한다.

② '맛있다'의 어간은 '맛있-'이다. 또한 여기에 종결 어미 '-구나'가 결합하면서 문장을 종결하는 기능을 하고 있다.

③ '높다'의 어간은 '높-'이다. 또한 여기에 연결 어미 '-고'가 결합하면서 앞뒤 말을 연결하는 기능을 하고 있다.

11 다음 글을 읽고 추론한 내용으로 적절하지 않은 것은?

용언은 어간에 어미가 결합하여 다양하게 활용하는데, 이때 어간과 어미의 기본 형태가 유지되기도 하지만 모습을 달리하기도 한다.

ㄱ. 묻다[埋]: 묻다, 묻고, 묻으니, 묻어서, 묻었다, 묻어라
ㄴ. • 놀다 - 노니 - 놀 - 놉니다 - 노세 - 노오
   • 열다 - 여니 - 열 - 엽니다 - 여세 - 여오

ㄱ의 '묻다[埋]'는 활용을 할 때 어간과 어미의 형태가 변하지 않고 규칙적이므로 이를 규칙 활용이라 한다. ㄴ의 '놀다'와 '열다'는 어간 'ㄹ'이 어미 'ㄴ, ㄹ, ㅂ, ㅅ, 오'와 만나면 탈락하는데 이는 예외 없이 모든 용언이 이러한 규칙을 가지고 있으므로 보편적으로 일어나는 규칙 활용이라 한다. 어간 'ㅡ' 역시 모음으로 시작하는 어미를 만나면 예외 없이 항상 탈락하므로 어간 'ㅡ' 탈락 역시 규칙 활용이라 한다.

① '바빠서, 슬퍼서' 모두 어간 'ㅡ'가 탈락하여 규칙 활용한 것이라 할 수 있겠군.
② '이 짐을 들 사람?'에서 '들'은 어미가 탈락하였기 때문에 규칙 활용에 해당하지 않겠다.
③ '놀다'의 어간 '놀-'이 'ㄴ, ㄹ, ㅂ, ㅅ ,오'로 시작하지 않는 어미를 만나면 어간, 어미의 형태가 변하지 않겠네.
④ '친구에게 길을 물었다.'에서 '물었다'는 어간의 형태가 변하였으므로 규칙 활용이라 볼 수 없겠군.

11

정답분석
② '이 짐을 들 사람?'에서 '들'은 용언 '들다'의 어간 '들-'과 관형사형 어미 '-ㄹ'이 결합하면서 어간의 'ㄹ'이 탈락하는 규칙 활용을 하고 있다. 그러므로 ②의 설명은 적절하지 않다.

오답해설
① '바빠서'는 어간 '바쁘'의 'ㅡ'가, '슬퍼서'는 어간 '슬프'의 'ㅡ'가 모음으로 시작하는 어미 '-아(어)서'가 만나 탈락하여 규칙 활용한 것이다.
③ '놀다'는 어간 'ㄹ'이 'ㄴ, ㄹ, ㅂ, ㅅ, 오'로 시작하는 어미를 만나면 탈락하므로 'ㄴ, ㄹ, ㅂ, ㅅ, 오'로 시작하지 않는 어미를 만나면 형태가 변화하지 않는다.
④ '친구에게 길을 물었다'에서 '물었다'는 기본 형태가 '묻다'이다. '묻다'의 어간 '묻-'이 모음으로 시작하는 어미를 만나 'ㄹ'로 변화하였으므로 규칙 활용으로 볼 수 없다.

12 다음은 '용언의 불규칙 활용'에 대한 설명 중 일부이다. ㉠~㉣에 해당하는 용례를 추가한 것으로 적절하지 않은 것은?

> 용언의 불규칙 활용 중에서 어간이 바뀌는 경우는 대표적으로 다음과 같다.
>
> > ㉠ 'ㄷ' 불규칙 : 어간의 'ㄷ'이 모음 어미 앞에서 'ㄹ'로 바뀜.
> >   예 내 말을 잘 <u>들어</u> 보아라.
> > ㉡ 'ㅂ' 불규칙 : 어간의 'ㅂ'이 모음 어미 앞에서 '오/우'로 바뀜.
> >   예 날이 유난히 <u>더워</u> 힘들겠구나.
> > ㉢ '르' 불규칙 : 어간의 '르'가 모음 어미 앞에서 'ㄹㄹ'로 바뀜.
> >   예 옥상에 <u>올라</u> 하늘을 바라보았다.
> > ㉣ '우' 불규칙 : 어간의 '우'가 모음 어미 앞에서 탈락함.
> >   예 지하실에 고인 물을 <u>퍼</u> 날랐다.

① '짐을 잔뜩 <u>실어</u> 보냈다.'의 '실어'는 ㉠에 해당한다.

② '길에서 책을 <u>주워</u> 가방에 넣었다.'의 '주워'는 ㉡에 해당한다.

③ '그 사람과는 성격이 <u>달라</u> 같이 일하기 힘들다.'의 '달라'는 ㉢에 해당한다.

④ '개에게 먹이를 <u>줘서</u> 짖지 않게 해라.'의 '줘서'는 ㉣에 해당한다.

12

정답분석
④ '개에게 먹이를 줘서 짖지 않게 해라'의 '줘서'는 용언 '주다'의 어간 '주-'에 어미 '-어서'가 결합하여 축약한 형태이지 어간의 형태가 변화한 것은 아니므로 ㉣에 해당하지 않는다.

오답해설
① '실어'는 어간 '싣-'에 어미 '-어'가 결합하여 어간 'ㄷ'이 'ㄹ'로 변한 ㉠에 해당한다.
② '주워'는 어간 '줍-'에 어미 '-어'가 결합하여 어간 'ㅂ'이 'ㅜ'로 변한 ㉡에 해당한다.
③ '달라'는 어간 '다르-'에 어미 '-아'가 결합하여 어간 '르'가 'ㄹㄹ'로 변한 ㉢에 해당한다.

13 <보기>의 자료를 탐구한 내용으로 적절하지 않은 것은?

> <보기>
>
> 　용언의 활용 양상을 분류할 때, 활용 과정에서 어간의 형태가 변하는지, 어미의 형태가 변하는지, 어간과 어미의 형태 모두 변하는지의 여부를 따져 볼 수 있다.
>
> > ㄱ. 웃다, 웃고, 웃은, 웃어
> > ㄴ. 짓다, 짓고, 지은, 지어
> > ㄷ. 푸르- + -어 → 푸르러
> > ㄹ. 하다, 하여, 하였다

① ㄱ의 '웃-'이 '-은', '-어'와 결합할 때 어간과 어미 각각의 형태에는 변화가 생기지 않는군.

② ㄴ의 '짓-'이 '-어'와 결합하면 어간의 형태에 변화가 생기는군.

③ ㄷ의 '푸르-'는 '-어'와 결합하면 어간의 형태에 변화가 생기는군.

④ ㄹ의 '하-'는 '-아/-어'와 결합하면 어미의 형태에 변화가 생기는군.

13

정답분석

③ ㄷ의 '푸르-'는 모음으로 시작하는 어미 '-어'가 결합하여 '푸르러'로 활용한다. 이는 어미 '-어'가 '-러'로 변화한 불규칙 활용 용언으로, 어간의 형태가 변화했다는 ③의 설명은 적절하지 않다.

오답해설

① 어간 '웃-'은 '웃고, 웃은, 웃어'로 활용되는데, 이는 어간과 어미 형태가 변화하지 않는 규칙 활용 용언이다.

② 어간 '짓-'은 모음으로 시작하는 어미 '-어'와 결합하여 어간 'ㅅ'이 탈락하는 불규칙 활용 용언이다.

④ 어간 '하-'는 모음으로 시작하는 어미인 '-어'와 결합하면 '하여'로 활용되는데, 이는 어미의 형태가 변화하는 불규칙 활용 용언이다.

14 〈보기〉의 밑줄 친 단어를 바르게 분류한 것은?

2014학년도 6월 고2 학력평가

〈보기〉

　형용사와 관형사를 구별하는 기준의 하나로 '서술하는 기능'이 있다. 예를 들어, '동물원에는 큰 사자가 있다.'에서 '큰'은 '사자가 크다'처럼 주어인 '사자가'를 서술하는 기능을 하므로 형용사이다. 그러나 관형사는 그런 기능을 하지 못한다.

> ㄱ. 정원에 <u>아름다운</u> 꽃이 피었다.
> ㄴ. <u>웬</u> 말이 그렇게 많은지 모르겠다.
> ㄷ. 수리를 하고 나니 <u>새</u> 가구가 되었다.
> ㄹ. 모여 있던 <u>모든</u> 사람들이 일제히 나를 쳐다봤다.
> ㅁ. 그의 <u>빠른</u> 일 처리가 사람들을 만족스럽게 하였다.

	형용사	관형사
①	ㄱ, ㄷ	ㄴ, ㄹ, ㅁ
②	ㄱ, ㅁ	ㄴ, ㄷ, ㄹ
③	ㄴ, ㄹ,	ㄱ, ㄷ, ㅁ
④	ㄱ, ㄷ, ㅁ	ㄴ, ㄹ

14

정답분석

② ㄱ의 '아름다운'은 '꽃이 아름답다'처럼 주어인 '꽃이'를 서술하는 기능을 하며, ㅁ의 '빠른'은 '일 처리가 빠르다'처럼 주어인 '일 처리가'를 서술하는 기능을 하므로 형용사이다. 하지만, ㄴ의 '웬'과 ㄷ의 '새', ㄹ의 '모든'은 주어를 서술하는 기능을 하지 못하므로 관형사이다.

15 <보기>를 참고하여 각 항목에 해당하는 예문을 작성하였다. 적절하지 않은 것은?

> <보기>
>
> 1. '같이'가 조사로 쓰일 경우 - 앞말에 붙여 쓴다.
>   ㄱ. 체언 뒤에 붙어 '~처럼'의 뜻일 때
>   ㄴ. '때'를 나타내는 명사 뒤에 붙어 '때'를 강조할 때
> 2. '같이'가 부사로 쓰일 경우 - 앞말과 띄어 쓴다.
>   ㄷ. '바로 그대로'의 의미일 때
>   ㄹ. '어떤 상황이나 행동 따위와 다름이 없이'의 의미일 때

① ㄱ: 그는 눈같이 맑은 영혼의 소유자였다.

② ㄴ: 내일은 새벽같이 일어나야 한다.

③ ㄷ: 예상한 바와 같이 우리 반이 이겼어.

④ ㄹ: 은숙이와 친구는 같이 사업을 했다.

15

정답분석

④ '같이'는 문장에서 조사로도 쓰일 수 있고, 부사로도 쓰일 수 있다. '은숙이와 친구는 같이 사업을 했다.'에서 '같이'가 부사로 쓰인 것은 맞으나, ㄹ의 의미가 아닌 '서로 함께'의 의미이므로 ㄹ의 예문으로 적절하지 않다.

16 다음은 '사전 활용하기' 학습 활동을 위한 자료이다. 이에 대해 탐구한 내용으로 적절하지 않은 것은?

2014학년도 11월 고2 학력평가

> 이¹ 「의존 명사」
> '사람'의 뜻을 나타내는 말.
>
> 이²
> [1] 「대명사」
> ⬚1 말하는 이에게 가까이 있거나 말하는 이가 생각하고 있는 대상을 가리키는 지시 대명사.
> 예 이보다 더 좋을 수는 없다.
> [2] 「관형사」
> ⬚1 바로 앞에서 이야기한 대상을 가리킬 때 쓰는 말.
> 예 노력하는 사람은 실패하지 않는다. 이 점을 우리는 명심해야 한다.
>
> 이³
> [1] 「수사」
> ⬚1 일에 일을 더한 수, 아라비아 숫자로는 '2', 로마 숫자는 'Ⅱ'로 쓴다.
> [2] 「관형사」 (일부 단위를 나타내는 말 앞에 쓰여)
> ⬚1 그 수량이 둘임을 나타내는 말.

① '저 모자를 쓴 이가 누구지?'의 '이'는 사람을 뜻하므로 '이¹'의 용례가 되는군.

② 하나의 표제어에 여러 개의 뜻풀이가 있으므로 '이²'는 다의어에 해당하는군.

③ '이² [1]⬚1'의 용례와 '이² [2]⬚1'의 용례를 통해 '이²'는 조사의 결합 가능 여부에 따라 품사를 구별할 수 있음을 확인할 수 있군.

④ '이 킬로미터를 걸어라.'에서 '이'는 단위를 나타내는 말 앞에 쓰이므로 '이³ [1]⬚1'의 용례로 들 수 있군.

16

정답분석

④ '이 킬로미터를 걸어라.'에서 '이'는 '킬로미터'라는 단위를 나타내는 말 앞에 쓰였으므로 '이³[2]의 용례에 해당한다.

오답해설

① '모자를 쓴 이'에서 '이'는 사람을 뜻하므로 '이¹'의 용례에 해당한다.

② 다의어는 하나의 표제어에 Ⅰ 여러 개의 뜻풀이가 있는 방식으로 사전에 제시되므로 적절한 진술이다.

③ '이보다'에서 '이'는 '보다'라는 조사와 결합하여 대명사로 쓰였으며, '이 점을'에서 '이'에는 관형사로 쓰여 조사가 붙지 않으므로 조사의 결합 가능 여부에 따라 품사를 구별한다는 진술은 적절하다.

17 다음의 ⊙, ⓒ에 들어갈 용례로 적절하지 않은 것은?

> 학   생: 선생님, "이렇게 많은 걸 언제 다 모았니?"라고 할 때, 여기서 '걸'은 띄어 써야 하나요? 아니면 붙여 써야 하나요? '걸'은 앞말에 붙여 쓰기도 하고 띄어 쓰기도 해서 혼란스러워요.
>
> 선생님: 이 경우에는 띄어 쓰는 것이 맞아요. '걸'은 '것을'을 구어적으로 나타낸 것이랍니다. 여기서 '거'는 의존 명사 '것'에 해당하므로 앞말과 띄어 써야겠지요. 그런데 '걸'이 가벼운 반박이나 감탄의 뜻을 나타낼 때에는 앞말에 붙여 써야 합니다. 왜냐하면 이때 '걸'은 '-ㄴ 걸, -는걸' 등과 같은 어미의 일부이기 때문이지요. 그럼 이를 바탕으로 각각의 용례에 해당하는 것을 찾아볼까요?
>
> | 띄어 쓰는 경우 | 붙여 쓰는 경우 |
> |---|---|
> | ⊙ | ⓒ |

① ⊙: 내가 바라는 걸 너는 알고 있지?

② ⓒ: 날이 흐린걸 보니 곧 비가 오겠네.

③ ⓒ: 그만하면 훌륭하던걸 뭐.

④ ⓒ: 야, 눈이 많이 쌓였는걸!

17

정답분석

② '날이 흐린 걸 보니 곧 비가 오겠네.'에서 '흐린 걸'은 '흐린 것을'의 구어적 표현이다. 이때의 '것'은 의존 명사이므로 앞말과 띄어 써야 한다.

05. 단어의 형성

어근과 접사

- 고기
  └▶ 어근
- 소 + 고기
  └▶ 어근 + 어근
- 날 + 고기
  └▶ 접사 + 어근

1. 어근: 단어의 실질적인 의미를 나타내는 중심 부분

> **심화 학습   어간과 어근**
>
> ┌ 어간: 활용어가 활용할 때에 변하지 않는 부분
> ├ 어근: 단어의 실질적인 의미를 나타내는 중심 부분
> │ 예 먹다 = 먹(어간/어근) + 다(어미)
> └ 어근에 피동이나 사동을 나타내는 접미사가 결합할 경우 접사가 결합해 어간이 된다.
>   예 먹이다 = 먹(어근) + 이(사동 접미사) + 다(어미) → 먹이(어간) + 다(어미)
>   예 숙이다 = 숙(어근) + 이(사동 접미사) + 다(어미) → 숙이(어간) + 다(어미)
>   *숙다: 앞으로나 한쪽으로 기울어지다.   예 벼 이삭이 숙었다.
>   *숙이다: 앞으로나 한쪽으로 기울게 하다.   예 머리를 숙여 인사하다.

2. 접사: 어근에 붙어 뜻을 보충·제한하거나 품사를 바꿔 주는 부분

┌ **위치에 따른 분류**
│   ┌ 접두사: 어근 앞에 오는 접사   예 날 + 고기
│   └ 접미사: 어근 뒤에 오는 접사   예 지우 + 개
└ **기능에 따른 분류**
    ┌ 한정적 접사: 뜻만 첨가해 주는 접사   예 맨 + 손 (명사 → 명사)
    └ 지배적 접사: 품사를 바꾸어 주는 접사
       예 • 크 + 기(형용사 → 명사)   • 공부 + 하다(명사 → 동사)

단일어와 복합어

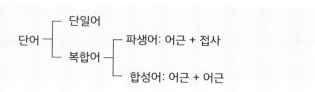

```
            ┌ 단일어
     단어 ──┤
            └ 복합어 ──┬── 파생어: 어근 + 접사
                       └── 합성어: 어근 + 어근
```

┌ **단일어:** 하나의 어근만으로 이루어진 단어 [예] 나비, 꽃, 하늘, 크다, 먹다

└ **복합어:** 둘 이상의 어근이 결합하거나 어근과 접사가 결합하여 이루어진 단어

종류	형태	예
파생어	접두사 + 어근	개 + 살구, 덧 + 니, 막 + 국수
	어근 + 접미사	일 + 꾼, 가위 + 질, 선생 + 님
합성어	어근 + 어근	돌 + 다리, 큰 + 집, 검 + 붉다

파생어

→ 어근과 접사가 결합하여 형성된 단어

1. 대표 접두 파생어: 접두사와 결합하여 만들어진 파생어의 품사는 어근의 품사와 일치한다.

접두사	의미	예
강-	1. 다른 것이 섞이지 않고 그것만으로 이루어진	강밥, 강술, 강소주, 강굴
	2. 마른, 물기가 없는	강기침, 강더위, 강서리
	3. 억지스러운	강울음, 강호령
	4. 몹시	강마르다, 강파리하다, 강밭다(*몹시 인색하다)
강(強)-	매우 센, 호된	강추위, 강염기, 강타자, 강행군
개-	1. 야생 상태의, 질이 떨어지는, 흡사 하지만 다른	개살구, 개먹, 개철쭉
	2. 헛된, 쓸데없는	개꿈, 개죽음
	3. 정도가 심한	개망나니
건(乾)-	마른, 말린	건포도, 건어물, 건바닥, 건과자
군-	1. 쓸데없는	군말, 군살, 군기침, 군소리, 군침
	2. 가외로 더한, 덧붙은	군식구, 군사람
날-	말리거나 익히거나 가공하지 않은	날고기, 날두부
늦-*	1. 늦은	늦공부, 늦가을, 늦더위, 늦바람, 늦장가
	2. 늦게	늦되다, 늦들다, 늦삼다
덧-	거듭된, 겹쳐 신거나 입은	덧니, 덧버선, 덧신, 덧가지, 덧저고리
돌-	품질이 떨어지는, 야생으로 자라는	돌배, 돌미나리
막-	1. 거친, 품질이 낮은	막국수, 막담배, 막고무신, 막소주
	2. 닥치는 대로 하는	막말, 막노동, 막일, 막벌이
막-	마지막	막차, 막판
맨-	다른 것이 없는	맨손, 맨발

'늦더위'의 파생어 여부

'늦더위'는 어간 '늦-'과 체언 '더위'가 결합한 합성어로 볼 수도 있고, 접두사 '늦-'과 체언 '더위'가 결합한 파생어로 볼 수도 있다. 그러므로 문제를 보고 상대적으로 답을 판별할 필요가 있다.

몰-	1. 모두 한곳으로, 모두 한곳에	몰밀다, 몰박다
	2. 모두 한곳으로 몰린	몰매, 몰표
몰(沒)-	그것이 전혀 없음	몰염치, 몰상식, 몰인정
빗-	1. 기울어지게	빗대다, 빗뚫다, 빗물다
	2. 잘못	빗나가다, 빗듣다, 빗디디다
	3. 기울어진	빗금, 빗면, 빗이음
새-	매우 짙고 선명하게	새빨갛다, 새파랗다
선-	서툰, 충분치 않은	선무당, 선잠
선(先)-	이미 죽은	선대인, 선대왕
설-*	충분하지 못하게	설듣다, 설보다
숫-	더럽혀지지 않아 깨끗한	숫처녀, 숫총각
숫-	새끼를 배지 않는	숫양, 숫염소, 숫쥐
시-	남편의	시아버지, 시어머니, 시동생, 시누이
알-	1. 겉을 덮어 싼 것이나 딸린 것을 다 제거한	알몸, 알감, 알바늘, 알밤, 알토란
	2. 작은	알바가지, 알요강, 알항아리
	3. 진짜, 알짜	알가난, 알건달, 알거지, 알부자
암-	새끼를 배거나 열매를 맺는	암놈, 암탉, 암캐, 암퇘지, 암평아리
애-	1. 맨 처음	애당초
	2. 어린 작은	애벌레, 애송아지, 애호박
엿-	몰래	엿보다, 엿듣다
제(第)-	그 숫자에 해당되는 차례	제일, 제이, 제삼
짓-	마구, 함부로, 몹시	짓누르다, 짓밟다, 짓이기다, 짓찧다
참-	품질이 우수한	참기름, 참숯, 참먹
치-	위로 향하게, 위로 올려	치솟다, 치뜨다, 치받다, 치닫다
풋-	1. 처음 나온, 덜 익은	풋고추, 풋사과, 풋나물
	2. 미숙한, 깊지 않은	풋사랑, 풋잠
한-	1. 큰	한길, 한시름
	2. 정확한, 한창인	한겨울, 한밤중
한-	바깥	한데(*집채의 바깥)
핫-	솜을 둔	핫것, 핫바지, 핫옷, 핫이불
해-	당해에 난	해쑥, 해콩, 해팥
햇-		햇감자, 햇과일, 햇병아리
헛-	이유 없는, 보람 없는	헛걸음, 헛고생, 헛소문, 헛수고
홀-	짝이 없어 혼자뿐인	홀아비, 홀시아버지
홑-	한 겹으로 된, 하나인, 혼자인	홑몸, 홑이불

2. 대표 접미 파생어: 어근과 접미사가 결합하여 파생어를 만드는 방법

1) 어근 + 한정적 접미사: 만들어진 파생어의 품사는 어근의 품사와 일치한다.

접미사	의미	예
-간	1. 동안	이틀간
	2. 장소	대장간
-거리	비하	떼거리, 짓거리
-거리	주기적으로 일어나는 동안	하루거리, 이틀거리
-경	그 시간 또는 날짜에 가까운 때	오전 9시경, 이십 세기경
-기(氣)	기운, 느낌, 성분	시장기, 소금기, 장난기
-꾼	1. 어떤 일을 전문적으로 하는 사람	살림꾼
	2. 어떤 일을 습관적으로 하는 사람	노름꾼
	3. 어떤 일 때문에 모인 사람	구경꾼, 일꾼, 장꾼, 제꾼
-님	높임	선생님, 사장님
-다랗다	그 정도가 제법 뚜렷함	가느다랗다, 커다랗다
-둥이	그러한 성질이 있는 사람	귀염둥이, 막내둥이, 쉰둥이
-들	복수	나무들, 학생들
-뜨리다 -트리다	강조	넘어뜨리다, 떨어트리다
-리	가운데, 속	경쟁리, 비밀리, 성황리, 암묵리
-보	그것을 특성으로 지닌 사람	꾀보, 잠보
-보	그것이 쌓여 모인 것	심술보, 울음보, 웃음보
-박이	무엇이 박혀 있는 사람, 짐승, 물건	점박이, 차돌박이, 금니박이
-배기	1. 그 나이를 먹은 아이	네 살배기
	2. 그런 물건	진짜배기
-뱅이	그것을 특성으로 가진 사람이나 사물	가난뱅이, 주정뱅이
-새	모양, 상태, 정도	걸음새, 모양새, 생김새, 쓰임새
-씨	태도, 모양	말씨, 마음씨, 바람씨, 발씨
-씨(氏)	그 성씨 자체, 그 성씨의 가문이나 문중	김씨, 이씨, 박씨 부인
-어치	그 값에 해당하는 분량	한 푼어치, 천 원어치
-여(餘)	그 수를 넘음	십 여, 이십여 년, 백여 개
-장이	그것과 관련된 기술을 가진 사람	미장이, 양복장이
-쟁이	그것이 나타내는 속성을 많이 가진 사람	겁쟁이, 멋쟁이
-질	1. 그 도구를 가지고 하는 일	가위질, 부채질
	2. 그 신체 부위를 이용한 어떤 행위	곁눈질, 손가락질
	3. 직업이나 직책을 비하하여 가리킴	선생질
	4. 좋지 않은 행위를 비하하여 가리킴	계집질, 노름질, 서방질
-째	그대로, 전부	통째, 송두리째
-째	1. 차례, 등급	몇째, 두 잔째, 셋째
	2. 동안	사흘째, 며칠째, 다섯 달째

-쯤	알맞은 한도, 그만큼가량	내일쯤, 얼마쯤
-치	강조	닫치다, 밀치다, 부딪치다
-치	물건	날림치, 당년치, 중간치, 버림치
-치	값	기대치, 최고치, 평균치, 한계치
-히-	1. 사동	묵히다, 굳히다, 젖히다, 앉히다
	2. 피동	막히다, 닫히다, 잡히다, 밟히다

2) 어근 + 지배적 접미사: 만들어진 파생어의 품사는 어근의 품사와 일치하지 않는다.

구분	접미사	예
명사 파생	-ㅁ	꿈, 삶, 앎, 잠, 춤, 기쁨, 슬픔
	-음	믿음, 죽음, 웃음, 걸음, 젊음, 수줍음
	-이	길이, 높이, 먹이, 때밀이, 옷걸이, 목걸이, 절름발이, 멍청이, 똑똑이, 뚱뚱이
	-기	굵기, 달리기, 모내기, 줄넘기, 크기, 사재기
	-개	지우개, 날개, 덮개, 오줌싸개, 코흘리개
동사 파생	-거리다	까불거리다, 반짝거리다, 방실거리다, 출렁거리다
	-이다	끄덕이다, 망설이다, 움직이다, 출렁이다
	-추-	낮추다, 늦추다(*형용사 어간 뒤에 붙어 '사동'의 뜻을 더하고 동사를 만드는 접미사)
	-하다	공부하다, 생각하다, 소곤소곤하다, 빨리하다, 기뻐하다*, 양하다, 체하다, 척하다
	-히-	넓히다, 밝히다(*형용사 어간 뒤에 붙어 '사동'의 뜻을 더하고 동사를 만드는 접미사)
형용사 파생	-답다	너답다, 꽃답다, 사람답다, 정답다, 남자답다
	-롭다	명예롭다, 신비롭다, 자유롭다, 풍요롭다, 향기롭다
	-스럽다	걱정스럽다, 자랑스럽다
	-나다	맛나다, 별나다
	-되다	거짓되다, 참되다, 못되다, 막되다, 어중되다
	-맞다	궁상맞다, 방정맞다, 능글맞다, 쌀쌀맞다
	-지다	값지다, 기름지다, 세모지다, 멋지다
	-쩍다	수상쩍다, 의심쩍다, 겸연쩍다, 미심쩍다
	-하다	건강하다, 정직하다, 반짝반짝하다, 돌연하다, 착하다, 법하다, 만하다, 듯하다
부사 파생	-이	깊숙이, 끔찍이, 많이, 같이, 높이, 집집이, 나날이, 다달이, 일일이
	-히	조용히, 무사히, 나란히, 영원히
	-껏	마음껏, 정성껏, 힘껏
	-내	봄내, 여름내, 저녁내, 마침내, 끝내

심화 학습 주의해야 할 파생어와 합성어

단어를 이루는 구성 요소가 3개 이상일 때는 그 구성을 두 조각으로 한 번만 나눴을 때 말이 되는 것 기준으로 합성어/파생어를 구분한다.
예 • 놀이터 → 놀(어근) + 이(접사) + 터(어근) → 놀이(어근) + 터(어근) → 합성어
  • 싸움꾼 → 싸우(어근) + ㅁ(접사) + 꾼(접사) → 싸움(어근) + 꾼(접사) → 파생어

심화 학습　불규칙적 접미사

해당 접미사에 의한 파생어가 많지 않을 때에 원형을 밝히지 않는다.

예
- 집 + 웅 → 지붕
- 막 + 애 → 마개
- 참 + 아 → 차마
- 개굴 + 이 → 개구리
- 귀먹 + 어리 → 귀머거리
- 넘 + 우 → 너무
- 박 + 아지 → 바가지
- 돌 + 오 → 도로

심화 학습　파생 명사와 용언의 명사형의 차이점

→ 접미사 '-(으)ㅁ/-기'와 명사형 어미 '-(으)ㅁ/-기'는 형태가 같기 때문에 구별하기가 어렵다.　예 영희는 좋은 꿈을 자주 꿈.

차이점	파생 명사	용언의 명사형
품사	명사	동사나 형용사
주어	주어 없음	주어 있음
서술성	서술성 없음	서술성 있음
수식어	관형어 수식	부사어 수식
선어말 어미	사용 불가능	사용 가능

합성어

→ 실질 형태소인 어근이 둘 이상 결합하여 이루어진 단어

1. 합성어의 의미 범주에 따른 분류

대등 합성어: 어근이 대등하게 결합하여 본래의 뜻을 유지하는 합성어

예 오가다, 팔다리, 대여섯, 뛰놀다

종속 합성어: 한쪽의 어근이 다른 한쪽의 어근을 수식하는 합성어

예 손수건, 책가방, 소고기, 물걸레, 놀이터

융합 합성어: 어근들이 하나로 융합하여 새로운 의미를 나타내는 합성어

예
- 밤낮: 종일
- 빈말: 실속 없이 헛된 말
- 피땀: 노력
- 강산: 자연의 경치
- 쑥밭: 엉망이 되어 버린 곳
- 집안 : 가족을 구성원으로 하여 살림을 꾸려 나가는 공동체

2. 합성어의 형성 방법에 따른 분류

1) 통사적 합성어: 우리말의 일반적인 단어 배열법과 일치하는 합성어

형성 방법	예
명사 + 명사	김치찌개, 소나무, 할미꽃, 얼룩소, 손목, 안팎, 어깨동무, 논밭
어간 + 연결 어미 + 용언	가져오다, 알아보다, 돌아가다, 들어가다, 타고나다, 게을러빠지다
관형어 + 명사	새언니, 어린이, 큰집, 작은형, 첫사랑, 길짐승*, 젊은이
주어 + 서술어 (조사 생략 인정)	기차다, 빛나다, 낯설다, 맛있다, 손쉽다, 얄밉다, 철들다, 수많다
목적어 + 서술어 (조사 생략 인정)	본받다, 수놓다, 용쓰다, 깔보다
부사어 + 서술어 (조사 생략 인정)	남다르다, 앞서다
부사 + 용언	그만두다, 가로막다, 가로눕다, 잘생기다
부사 + 부사	이리저리, 비틀비틀
감탄사 + 감탄사	얼씨구절씨구

2) 비통사적 합성어: 우리말의 일반적인 단어 배열법과 일치하지 않는 합성어

형성 방법	예
어간 + 명사	감발, 곶감, 늦잠, 덮밥, 흔들바위, 묵밭*, 접칼, 붉돔
어간 + 연결 어미 + 명사	섞어찌개
어간 + 용언 (연결 어미 생략)	검붉다, 굶주리다, 여닫다, 오르내리다, 날뛰다, 높푸르다, 짙푸르다
부사 + 명사	부슬비, 산들바람, 척척박사, 촐랑개, 살짝곰보, 딱딱새
한자어 어순이 우리말과 다른 경우	독서(讀書), 등산(登山)

공무원 시험 전문 해커스공무원

gosi.Hackers.com

01 다음 글을 읽고 추론한 내용으로 적절하지 않은 것은?

> 어근의 앞이나 뒤에 파생 접사가 붙어서 만들어진 단어를 파생어라고 한다. 어근의 앞에 붙는 접두사에 의해 파생된 단어는 특정한 뜻을 더하거나 강조하면서, 즉 뜻을 한정하는 의미적 기능을 하면서 새로운 말을 만들어 낸다. '군소리, 날고기, 짓누르다, 치솟다, 새까맣다' 등이 접두 파생어에 해당한다. 어근의 뒤에 붙는 접미사에 의해 파생된 단어 역시 뜻을 더하는 의미적 기능을 한다. '이틀간, 구경꾼, 선생님, 학생들, 겁쟁이' 등이 접미 파생어에 해당한다. 접미사는 의미적 기능뿐만 아니라 어근의 품사를 바꾸는 문법적 기능도 하면서 새로운 말을 만들어 낸다. '꿈, 믿음, 공부하다, 향기롭다, 높이' 등이 어근의 품사가 바뀐 접미 파생어에 해당한다.

① '첫사랑'은 특정한 뜻을 더하는 접두사 '첫-'이 어근인 '사랑' 뒤에 붙어 형성된 파생어이군.

② '뛰놀다'에는 접사가 없고 어근과 어근이 결합한 것으로 보아 파생어가 아니겠네.

③ '넓이'는 어근 '넓-'에 명사형 접미사 '-이'가 붙어 어근의 품사가 바뀌게 되었군.

④ '대장장이, 주정뱅이, 귀염둥이, 넘어뜨리다'는 어근의 품사를 바꾸지 못하는 접미사가 결합한 파생어들이야.

01

정답분석
① '첫사랑'은 합성어로, 관형사 '첫'과 명사 '사랑'이 결합하여 만들어진 복합어이다. '첫-'은 접두사가 아니므로 ①의 설명은 적절하지 않다.

오답해설
② '뛰놀다'는 어근 '뛰-'와 동사 '놀다'가 결합한 합성어이다.
③ '넓이'는 어근 '넓-'에 어근의 품사를 명사로 바꾸어 주는 접미사 '-이'가 결합하여 만들어진 파생어이다.
④ '-장이', '-뱅이', '-둥이', '-뜨리다'는 품사를 바꾸지 못하고 어근에 의미만 더해 주는 접미사이다.

02 다음 글을 바탕으로 <보기>의 ⊙~ⓔ을 설명한 것으로 적절하지 않은 것은?

합성어는 일반적으로 두 개 이상의 어근이 결합되어 형성된 단어를 말하는데, 합성어의 품사에 따라 합성명사, 합성형용사, 합성부사 등으로 나뉘게 된다. 또한 결합하는 어근들의 의미 관계를 기준으로 대등 합성어, 종속 합성어, 융합 합성어로도 분류할 수 있다. 대등 합성어는 결합하는 어근들의 의미가 대등한 관계를 이루는 것으로, '앞뒤, 오르내리다' 등이 여기에 해당한다. 종속 합성어는 선행 어근이 후행 어근을 수식하는 구조로, 선행 어근이 후행 어근에 의미상 종속되어 있는 합성어이다. '돌다리, 산길' 등이 여기에 해당한다. 한편, 융합 합성어는 어근들이 결합하면서 각 어근이 본래 갖고 있던 의미에서 벗어나 새로운 의미를 갖는 합성어를 말한다. 예를 들어 '나는 그분께 춘추(春秋)를 여쭈어보았다.'에서 '춘추(春秋)'는 '봄'과 '가을'이라는 기존의 의미에서 벗어나 '어른의 나이를 높여 이르는 말'로 사용된 것이다.

<보기>

• 농부들이 ⊙ 피땀으로 일군 ⓛ 논밭에 가을이 왔다.
• 이 ⓒ 봄비가 그치고 여름이 오면, 꽃이 ⓔ 한두 송이 피기 시작할 것이다.

① ⊙은 두 어근의 본래 의미에서 벗어나 새로운 의미로 사용되었으므로 융합 합성어이다.
② ⓛ은 선행 어근이 후행 어근에 의미상 종속되어 있는 합성명사이다.
③ ⓛ과 ⓒ은 결합하는 어근들의 의미 관계는 다르지만, 품사는 동일한 합성어이다.
④ ⓔ은 결합한 어근들의 의미가 대등한 관계를 이루는 합성어이다.

02

정답분석
② '논밭'은 어근 '논'과 '밭'이 결합하여 만들어진 합성어로, 논과 밭을 아울러 이르는 말이다. 두 어근은 의미가 대등하게 연결되어 있으므로 대등 합성어인데, ②의 설명은 종속 합성어를 가리키고 있으므로 적절하지 않은 설명이다.

오답해설
① '피땀'은 '피'와 '땀'이 결합하여 만들어진 합성어로, '무엇을 이루기 위하여 애쓰는 노력과 정성을 비유적으로 이르는 말'이다. 각 어근이 본래 갖고 있던 의미에서 벗어나 새로운 의미를 갖고 있으므로 적절한 설명이다.
③ ⓛ은 대등 합성어, ⓒ은 종속 합성어로 결합하는 어근들의 의미 관계는 다르지만, 품사는 두 단어 모두 명사로 동일하다.
④ '한두'는 '한'과 '둘'이 결합한 합성어로 '그 수량이 하나나 둘임을 나타내는 말'이다. 결합한 어근들의 의미가 대등한 관계를 이루는 대등 합성어에 해당한다.

03 다음 글을 읽고 추론한 내용으로 적절하지 않은 것은?

어근의 결합 방식이 국어의 일반적인 통사적 구성과 일치하는지를 기준으로 통사적 합성어와 비통사적 합성어로 분류할 수 있다. 통사적 합성어는 명사와 명사가 결합한 '산나물', 부사와 부사가 결합한 '실룩샐룩', 부사와 용언이 결합한 '그만두다', 연결 어미에 의해 용언의 어간과 어간이 결합한 '뛰어가다' 등과 같이 국어의 일반적인 통사적 구성을 따르는 합성어를 말한다. 반면 비통사적 합성어는 용언의 어간과 명사가 결합한 '접칼', 연결 어미 없이 용언의 어간과 어간이 직접 결합한 '굶주리다', 부사와 명사가 결합한 '척척박사' 등과 같이 국어의 일반적인 통사적 구성과 일치하지 않는 합성어를 말한다.

단어	결합 방식	구분	다른 예
또다시 → 또 + 다시	부사와 부사의 결합	통사적 합성어	㉠
첫사랑 → 첫 + 사랑	관형사와 명사의 결합	㉡	왼쪽
붙잡다 → 붙- + 잡다	용언의 어간과 어간이 직접 결합	㉢	㉣

① ㉠에는 '하루빨리'를 넣을 수 있겠군.

② ㉡에는 '통사적 합성어'가 들어가겠군.

③ ㉢에는 '비통사적 합성어'가 들어가겠군.

④ ㉣에는 '굳세다'를 넣을 수 있겠군.

03

정답분석
① '하루빨리'는 명사 '하루'와 부사 '빨리'가 결합한 비통사적 합성어이므로 적절하지 않다.

오답해설
② '첫사랑'은 관형사 '첫'과 명사 '사랑'이 결합한 통사적 합성어이므로 적절하다.
③ '붙잡다'는 용언 '붙다'와 '잡다'의 어간이 연결어미 없이 직접 결합한 비통사적 합성어이므로 적절하다.
④ '굳세다'는 용언 '굳다'와 '세다'의 어간이 연결어미 없이 직접 결합한 비통사적 합성어이므로 적절하다.

04 다음 글을 읽고 이해한 내용으로 적절하지 않은 것은?

> 국어에서는 명사가 동사나 형용사와 차례대로 결합하여 '손잡다'와 같은 합성 동사나 '쓸모없다'와 같은 합성 형용사가 만들어질 수 있다. 합성 동사와 합성 형용사를 묶어 합성용언이라고 한다. 합성 용언은 크게 구성적 측면과 의미적 측면에서 분류할 수 있다.
>
> 먼저 구성적 측면에서 합성 용언은 그 구성 요소들이 맺는 문법적 관계에 따라 분류할 수 있다. 예를 들어 '쓸 만한 가치가 없다.'를 뜻하는 ㉠ '쓸모없다'는 명사 '쓸모'와 형용사 '없다'가 주어와 서술어의 관계를 보여 주고, '손을 마주 잡다.'를 뜻하는 ㉡ '손잡다'는 명사 '손'과 동사 '잡다'가 목적어와 서술어의 관계를 보여준다. 그리고 '남에게 드러내어 뽐낼 만한 거리로 하다.'를 뜻하는 ㉢ '자랑삼다'는 명사 '자랑'과 동사 '삼다'가 부사어와 서술어의 관계를 보여 준다.

① '나는 시장에서 책가방을 값싸게 샀다.'의 '값싸게'는 구성적 측면에서 ㉠과 동일한 유형의 합성 용언이겠군.

② '누나는 나를 보자마자 뒤돌아 앉았다.'의 '뒤돌아'는 구성적 측면에서 ㉡과 동일한 유형의 합성 용언이겠군.

③ '언니는 밤새워 숙제를 다 마무리했다.'의 '밤새워'는 구성적 측면에서 ㉡과 동일한 유형의 합성 용언이겠군.

④ '큰형은 앞서서 골목을 걷기 시작했다.'의 '앞서서'는 구성적 측면에서 ㉢과 동일한 유형의 합성 용언이겠군.

04

정답분석

② '뒤돌아'는 '뒤로 돌다'의 의미이기 때문에 ㉢과 동일하게 부사어와 서술어의 관계를 보여 준다.

오답해설

① '값싸게'는 '값이 싸다'의 의미이기 때문에 ㉠과 동일하게 주어와 서술어의 관계를 보여 준다.

③ '밤새워'는 '밤을 새우다'의 의미이기 때문에 ㉡과 동일하게 목적어와 서술어의 관계를 보여 준다.

④ '앞서서'는 '앞에 서다'의 의미이기 때문에 ㉢과 동일하게 부사어와 서술어의 관계를 보여 준다.

[05~06] 다음 글을 읽고 물음에 답하시오.

복합어는 합성과 파생을 통해 형성된 합성어와 파생어로 나뉜다. 의미를 고려하여 어떤 말을 둘로 나누었을 때 그 둘 각각을 직접 구성 요소라고 하는데, 합성어는 직접 구성 요소가 모두 어근인 단어이고, 파생어는 직접 구성 요소가 어근과 접사인 단어이다. 그리고 한 개의 형태소가 직접 구성 요소가 되기도 하고 두 개 이상의 형태소가 모여 직접 구성 요소가 되기도 한다. 예를 들어 '꿀벌'은 그 직접 구성 요소 '꿀'과 '벌'이 모두 어근이므로 합성어이다. 그리고 '꿀'과 '벌'은 각각 한 개의 형태소이다.

05 윗글을 읽고 <보기>의 ㉠~㉥을 분석한 내용으로 적절하지 않은 것은?

<보기>

㉠ 금 + (귀 + 걸 + -이) → 합성어
㉡ 소 + (걸 + -음) → 합성어
㉢ 병 + (따 + -개) → 합성어
㉣ (헛- + 발) + -질 → 파생어
㉤ 시- + (건방 + -지다) → 파생어
㉥ 맨- + (손 + 체조) → 파생어

① ㉠, ㉡, ㉢은 모두 파생어에 의해 형성된 단어가 다시 다른 단어와 결합하여 형성된 단어들로 볼 수 있겠네.

② ㉣, ㉤은 구성 요소들이 서로 결합하여 명사의 성격을 갖게 된 파생어로 볼 수 있군.

③ ㉥은 '(맨- + 손) + 체조'와 같이 분석하는 것이 적절하므로 '맨손'과 '체조'가 직접 구성 요소이겠군.

④ 단어를 우선 크게 둘로 쪼개었을 때 두 구성 요소가 실질적인 의미를 지니고 있으면 합성어로 볼 수 있겠군.

05

정답분석

② '시건방지다'는 구성 요소들이 서로 결합하여 형용사의 성격을 갖게 된 파생어이므로 적절하지 않다.

오답해설

① ㉠의 '귀걸이'는 파생 과정에 의해 형성된 단어가 '금'과 다시 결합하여 형성된 합성어이고, ㉡의 '걸음'도 파생 과정에 의해 형성된 단어가 '소'와 다시 결합하여 형성된 합성어이다. ㉢ 역시 파생 과정에 의해 만들어진 '따개'가 다시 '병'과 결합하여 형성된 합성어이다.
③ '맨손체조'는 의미를 고려하여 둘로 나누면 '맨손'과 '체조'로 나뉘게 되므로 '맨손'과 '체조'가 직접 구성요소이다.
④ 직접 구성 요소가 모두 실질적인 의미를 지니고 있으면 어근과 어근이 결합한 것이므로 합성어로 볼 수 있다.

06 윗글을 바탕으로 추론한 내용으로 적절한 것은?

2024년도 9월 고3 학력평가

① '용꿈'의 직접 구성 요소는 모두 한 개의 자립 형태소로 이루어진 어근이군.

② '봄날'과 '망치질'은 모두 직접 구성 요소 중 하나가 접사이므로 파생어이군.

③ '놀이방'과 '단맛'의 직접 구성 요소 중에는 의존 형태소만으로 이루어진 것이 있군.

④ '꽃으로 장식한 고무신'을 뜻하는 '꽃고무신'을 직접 구성 요소로 분석하면 '꽃고무'와 '신'으로 분석할 수 있군.

06

정답분석

③ '놀이방'은 직접 구성 요소가 '놀이'와 '방'이다. '놀이'는 '놀-'과 '-이'로 형태소를 나눌 수 있으며 이는 모두 의존 형태소이다. '단맛'은 직접 구성 요소가 '단'과 '맛'
이다. '단'은 '달-'과 '-ㄴ'으로 형태소를 나눌 수 있으며 이는 모두 의존 형태소이다 .

오답해설

① '용꿈'은 직접 구성 요소가 '용'과 '꿈'이며, 이 중에서 '꿈'은 '꾸-'와 '-ㅁ'으로 형태소를 나눌 수 있으므로 한 개의 자립 형태소로 이루어진 어근이 아니다.

② '망치질'은 직접 구성 요소가 '망치'와 '-질'이며, '-질'은 접사이므로 '망치질'은 파생어이다. 그러나 '봄날'은 직접 구성 요소가 '봄', '날'이기 때문에 어근과 어근
이 결합한 합성어이다.

④ 의미를 고려할 때 '꽃고무신'의 직접 구성 요소는 '꽃'과 '고무신'이다.

07 다음 글에서 추론한 내용으로 적절하지 않은 것은?

> '밤하늘'은 '밤'과 '하늘'이 결합하여 한 단어를 이루고 있는데, 이처럼 어휘 의미를 띤 요소끼리 결합한 단어를 합성어라고 한다. 합성어는 분류 기준에 따라 여러 방식으로 나눌 수 있다. 합성어의 품사에 따라 합성명사, 합성형용사, 합성부사 등으로 나누기도 하고, 합성의 절차가 국어의 정상적인 단어 배열법을 따르는지의 여부에 따라 통사적 합성어와 비통사적 합성어로 나누기도 하며, 구성 요소 간의 의미 관계에 따라 대등합성어와 종속합성어로 나누기도 한다.
>
> 합성명사의 예를 보자. '강산'은 명사(강) + 명사(산)로, '젊은이'는 용언의 관형사형(젊은) + 명사(이)로, '덮밥'은 용언 어간(덮-) + 명사(밥)로 구성되어 있다. 명사끼리의 결합, 용언의 관형사형과 명사의 결합은 국어 문장 구성에서 흔히 나타나는 단어 배열법으로, 이들을 통사적 합성어라고 한다. 반면 용언의 어간과 명사의 결합은 국어 문장 구성에 없는 단어 배열법인데 이런 유형은 비통사적 합성어에 속한다. '강산'은 두 성분 관계가 대등한 관계를 이루는 대등합성어이고, '젊은이'나 '덮밥'은 앞 성분이 뒤 성분을 수식하는 종속합성어이다.

① 아버지의 형을 이르는 '큰아버지'는 종속합성어이다.

② '흰머리'는 용언 어간과 명사가 결합한 합성명사이다.

③ '늙은이'는 어휘 의미를 지닌 두 요소가 결합해 이루어진 단어이다.

④ 동사 '먹다'의 어간 '먹-'과 명사 '거리'가 결합한 '먹거리'는 비통사적 합성어이다.

07

정답분석
② '흰머리'는 용언의 어간 '희-'와 관형사형 전성 어미 '-ㄴ'과 명사 '머리'가 결합한 합성 명사이므로 ②의 설명은 적절하지 않다.

오답해설
① '큰아버지'는 관형어 '큰'이 명사 '아버지'를 수식하므로 종속 합성어이다.
③ '늙은이'는 관형어 '늙은'과 명사 '이'가 결합한 합성어이다.
④ 어간과 명사의 결합은 국어 문장 구성에 없는 단어 배열법이므로 비통사적 합성어이다.

06 형태소와 단어

형태소

개념: 더 나누면 뜻을 잃어버리는 가장 작은 말의 단위 (최소 의미 단위)

분석 방법

더 나누면 의미가 없어질 때까지 나눈다.

형태소를 분석할 때에는 본말 형태를 고려해야 한다.
예 달렸다 → 달리 + 었 + 다

문법적인 뜻을 지닌 것도 모두 하나의 형태소로 나뉜다.

↳ 어간/선어말어미/어미, 조사, 접사까지 하나씩 다 나눠 주어야 한다.

> **선생님께서 나를 부르셨다.**
>
> → 선생 + 님 + 께서 + 나 + 를 + 부르 + 시 + 었 + 다
>   명사   접사   조사   명사   조사   어간 선어말 어미 선어말 어미 어미

> **심화 학습** 형태소 분석
> 01. 토끼가 사냥꾼에게 잡혔다.   [토끼 + 가 + 사냥 + 꾼 + 에게 + 잡 + 히 + 었 + 다]
> 02. 그녀는 지우개로 글을 모두 지웠다.   [그녀 + 는 + 지우 + 개 + 로 + 글 + 을 + 모두 + 지우 + 었 + 다]

종류

구분	종류		예 하늘/이/ 매우 /맑/다.
자립성의 유무에 따라	자립 형태소: 자립성 유	체언, 수식언, 독립언	하늘, 매우
	의존 형태소: 자립성 무	어간, 어미, 접사, 조사	이, 맑-, -다
의미의 유형에 따라	실질 형태소: 실질적인 뜻	자립형태소, 어간	하늘, 매우, 맑-
	형식 형태소: 문법적인 뜻	어미, 접사, 조사	이, -다

단어

개념: 뜻을 지니고 홀로 설 수 있는 말의 단위로, 문장 내에서 자립하여 쓰일 수 있는 말이나 자립할 수 있는 형태소에 붙어서 쉽게 분리될 수 있는 말(조사)을 가리킨다.

선생님께서 나를 부르셨다.

→ 선생님 + 께서 + 나 + 를 + 부르셨다

특징

- 단어의 내부에 휴지를 두어 발음하지 않는다.
- 단어의 내부에 다른 단어가 끼어들 수 없다.
- 조사를 제외한 모든 단어는 띄어쓰기 단위와 일치한다.
- 단어는 하나 이상의 형태소로 구성된다.

심화 학습   음운, 형태소, 단어의 구분

- 음운: 최소 의미 변별의 단위 　　　예 ㅂ / ㅗ / ㅁ / ㅂ / ㅣ
- 형태소: 최소 의미 단위 　　　　　예 봄 / 비
- 단어: 최소 자립 단위 　　　　　　예 봄비

📋 기출 문제 풀이로 핵심 포인트

다음 중 맞으면 O, 틀리면 X 표시하시오.

01. '눈이 녹으면 남은 발자국 자리마다 꽃이 피리니'에서 의존 형태소는 9개이다.

02. '그는 불우한 삶을 살았다'에서 형태소는 총 10개이다.

03. '밀짚모자를 쓴 그가 이야기책을 읽었다'에서 단어의 개수는 8개이다.

정답 01 X (의존 형태소는 '이, 녹-, (으)면, 남-, 은, 마다, 이, 피-, -리-, -니'로 10개이다) **02** X (형태소는 '그/는/불우/하/ㄴ/삶/ㅁ/을/살/았/다'로 총 11개이다) **03** ○

01 <보기>에서 선생님의 질문에 대한 학생의 대답으로 가장 적절한 것은?

2020학년도 6월 고1

> 선생님: 형태소는 뜻을 가진 가장 작은 말의 단위를 뜻하는 말입니다. 형태소는 다음의 두 기준에 따라 자립 형태소와 의존 형태소, 실질 형태소와 형식 형태소로 나눌 수 있습니다.

> 다음은 아래 '예문'을 형태소 단위로 나누고, 위 기준에 따라 분석한 결과입니다.

> • 예문: 경찰이 도둑을 잡았다.
> • 형태소 분석 결과:

형태소 / 구분 기준	경찰	이	도둑	을	잡-	-았-	-다
홀로 쓰일 수 있는가?	예	아니요	예	ⓒ	아니요	아니요	아니요
실질적 의미가 있는가?	ⓝ	아니요	예	아니요	ⓒ	아니요	아니요

> ⓝ~ⓒ에 들어갈 대답을 모두 바르게 짝지어 볼까요?

	ⓝ	ⓒ	ⓒ
①	예	아니요	예
②	예	아니요	아니요
③	아니요	예	예
④	아니요	아니요	아니요

01

정답분석

① 명사 '경찰'은 실질적 의미가 있는 실질 형태소이므로 ⓝ에는 '예'라는 답이 적절하다. '을'은 조사로서 홀로 쓰일 수 없는 의존 형태소이므로 ⓒ에는 '아니요'라는 답이 적절하다. 마지막으로 '잡'은 용언의 어간인데, 홀로 쓰이지 못하지만 '달아나지 못하게 하다'라는 실질적 의미를 지닌 실질 형태소이다. 따라서 ⓒ에는 '예'라는 답이 적절하다.

02 다음 글의 빈칸에 들어갈 내용으로 가장 적절한 것은?

'형태소'는 뜻을 가진 말의 가장 작은 단위이다. 형태소는 의미의 유무에 따라 구체적인 대상이나 동작, 상태를 표시하는 실질적인 의미를 지닌 실질 형태소와 문법적인 기능을 수행하는 형식 형태소로 나눌 수 있다. 그리고 자립성의 유무에 따라 다른 말에 기대어 쓰이지 않고 홀로 사용될 수 있는 자립 형태소와 다른 말에 기대어 사용되는 의존 형태소로 나눌 수 있다. 예를 들어, '나만 맨발로 놀이터를 뛰어다녔다.'는 문장을 의미의 유무에 따라 분석하면 ☐ 로 나뉘게 된다.

① '나, 맨, 발, 놀, 뛰, 다니'는 실질 형태소, '만, 로, 이, 터, 를, 어, 었, 다'는 형식 형태소
② '나, 발, 놀, 터, 뛰, 다니'는 실질 형태소, '만, 맨, 로, 이, 를, 어, 었, 다'는 형식 형태소
③ '나, 발, 터, 뛰, 다니'는 자립 형태소, '만, 맨, 로, 놀, 이, 를, 어, 었, 다'는 의존 형태소
④ '나, 맨, 발, 놀이, 터'는 자립 형태소, '만, 로, 를, 뛰, 어, 다니, 었, 다'는 의존 형태소

02

정답분석

② 빈칸이 포함된 문장을 보면 의미의 유무에 따라 형태소를 분석한다고 했으므로 실질 형태소와 형식 형태소로 분석해야 한다. '나만 맨발로 놀이터를 뛰어다녔다'에서 실질 형태소는 '나', '발', '놀', '터', '뛰', '다니'이고, 형식 형태소는 조사나 접사나 어미인 '만', '맨', '로', '이', '를', '어', '었', '다'로 나뉘게 된다.

오답해설

③, ④ 자립성의 유무에 따라 '나만 맨발로 놀이터를 뛰어다녔다'를 분석하면, 자립 형태소는 '나', '발', '터'이고 의존 형태소는 '만', '맨', '로', '놀', '이', '를', '뛰', '어', '다니', '었', '다'로 나뉘게 된다.

07 문장과 문장 성분

문장의 구성요소

- **단어**: 뜻을 지니고 홀로 설 수 있는 말의 단위 　예 나/는/밥/을/먹었다
- **어절**: 띄어쓰기 단위와 일치 　예 나는/밥을/먹었다
- **구**: 주어와 서술어의 관계가 없는 둘 이상의 어절이 만나 의미를 이룸 　예 맛있는 밥을 먹었다.
- **절**: 주어와 서술어를 갖춘 둘 이상의 어절이 모여 의미를 이룸 　예 <u>그가 범인임이</u> 밝혀졌다.
- **문장**: 생각이나 감정을 완결된 내용으로 표현하는 최소의 단위

문장 성분

→ 문장을 이루는 각 요소로, 문장 안에서 일정한 문법적 기능을 수행한다.

→ 크게 주성분과, 부속성분, 독립 성분으로 나뉜다.

1. 주성분 → 주어, 목적어, 보어, 서술어

1) **주어**: 서술어가 나타내는 동작 또는 상태나 성질의 주체가 되는 문장 성분

형식

형식	예
체언 또는 체언 구실을 하는 구나 절 + 주격 조사	철수가 집에 있다.
체언 + 보조사	철수만 집에 있다.
'혼자, 둘이, 셋이' 등 사람의 수를 나타내는 체언 + 주격 조사(서)	혼자서 집을 지키고 있다.

특징

- 주어가 생략되거나 없는 문장도 있다.
  예 • 공부를 했다. (주어 생략)　　　• 도둑이야! (주어가 분명하지 않음)
- 다른 성분에 영향을 주기도 한다.
  예 어머니께서 용돈을 주시었다. (높임 표현의 사용)

2) 목적어: 타동사로 된 서술어의 동작이나 행동의 대상을 나타내는 문장 성분

┌ **형식**

형식	예
체언 또는 체언 구실을 하는 구나 절 + 목적격 조사	나는 사과를 먹었다.
체언 + 보조사	철수는 라면만 먹었다.
체언+ 보조사 + 목적격 조사	철수는 그림만을 그렸다.

└ **특징**

  ┌ 목적어의 생략이 가능하다. 예 밥 먹었니? 응, 먹었어. (목적어 '밥을' 생략)

  └ 목적격 조사를 생략하거나 보조사로 대체하는 것이 가능하다. 예 이 사진(은) 내가 찍었다.

3) 보어: 서술어 '되다', '아니다'의 필수 성분 역할을 하는 문장 성분

형식	예
체언 + 보격 조사(이/가)	• 밥이 떡이 되다. • 그는 중학생이 아니다.
체언 + 보조사	그는 나쁜 사람은 아니다.

4) 서술어: 주어의 동작 또는 상태나 성질을 서술하는 문장 성분

┌ **형식**

형식	예
용언(동사, 형용사)	• 순이가 사과를 먹는다. • 하늘이 푸르다.
서술격 조사 '이다'의 종결형	• 이것이 책이다. • 원서 접수는 오늘까지이다. • 그가 성공할 때는 예순이 넘어서였다. • 그를 만난 것은 집에서였다.
서술절	그는 키가 크다.
본용언 + 보조 용언(하나의 서술어로 봄)	그는 사과를 먹고 있다.

└ **서술어의 자릿수:** 주어, 목적어, 보어, (필수적) 부사어 중에서 서술어의 성격에 따라 필수적으로 요구되는 문장 성분의 수

  ┌ 한 자리 서술어: 주어 + 서술어

  │ 예 • 새가 운다.   • 꽃이 붉다.   • 날씨가 맑다.   • 길이 매우 넓다.

  ├ 두 자리 서술어: 주어 + 목적어/보어/부사어 + 서술어

  │ 예 • 그녀는 책을 읽었다.   • 그는 의사가 되었다.   • 그림이 실물과 같다.

  └ 세 자리 서술어: 주어 + 목적어 + 부사어 + 서술어

     예 • 부인은 친구의 딸을 며느리로 삼았다.   • 할아버지께서 우리들에게 세뱃돈을 주셨다.

┌ 품사: 단어 단위로 단어들의 종류를 구분한 것

└ 문장 성분: 어절 단위로 문장에서의 기능을 구분한 것

예 새로운 모자: 품사로는 형용사, 문장 성분으로는 관형어

→ 같은 품사라도, 문장 안에서 어떻게 쓰이느냐에 따라 문장 성분이 달라질 수 있다.

예 새로운 모자, 새롭게 시작하자: 품사는 형용사이지만 문장 성분은 관형어, 부사어이다.

같은 동사라도 문맥에 따라 자릿수가 달라진다.

┌ 멈추다: 차가 멈추었다. (한 자리) / 경찰이 차를 멈추었다. (두 자리)

├ 움직이다: 마음이 움직이다. (한 자리) / 자본이 세계를 움직이다. (두 자리)

├ 그치다: 눈물이 그치다. (한 자리) / 영희가 눈물을 그치다. (두 자리)

└ 불다: 바람이 불다. (한 자리) / 영희가 피리를 불다. (두 자리)

2. 부속 성분 → 관형어, 부사어

1) 관형어: 체언으로 된 주어, 서술어, 목적어, 보어 앞에서 이를 수식하는 문장 성분

┌ **형식**

형식	예
관형사	새 옷을 입었다.
체언	오늘 길에서 고향 친구를 만났다.
체언 + 관형격 조사(의)	나의 작은 천사가 자고 있다.
용언의 관형사형(용언 어간 + 관형사형 전성 어미)	나의 작은 천사가 자고 있다.

→ -(으)ㄴ, -는, -(으)ㄹ, -던

└ **특징**

┌ 부사어는 단독으로 쓰일 수 있지만, 관형어는 체언 없이 단독으로 쓰일 수 없다. 예 그 (   ).

└ 반드시 체언 앞에만 놓인다. 예 그 책 / 저 책

2) 부사어: 용언, 관형어, 부사어, 문장 전체 등을 수식하는 문장 성분

┌ **형식**

형식	예
부사	잘 잔다.
부사 + 보조사	<u>몹시도</u> 추운 날씨
체언 + 부사격 조사	• <u>강에서</u> 수영을 한다. • <u>나와</u> 함께 가자. • 동생이 <u>형보다</u> 낫다. • 물이 <u>얼음으로</u> 되다. • 코 고는 <u>소리에</u> 잠이 깼다. • 영호가 <u>책임자로</u> 선출되었다. • <u>창동으로</u> 칼을 만들었다.
용언의 부사형	진달래가 <u>곱게</u> 피었다.
부사성 의존 명사 구 + 부사격 조사	그는 <u>눈을 감은 채로</u> 그 일을 회상했다.

├ **특징**

  ┌ 보조사를 취할 수 있다. 예 <u>빨리도</u> 간다.

  ├ 자리를 비교적 자유롭게 옮길 수 있다.

  └ 관형어와는 달리 주어진 문맥 속에서 단독으로 쓰일 수 있다.

└ **필수적 부사어**: 서술어가 되는 용언의 특성에 따라 부사어를 필수적으로 요구하는 것이 있다.

서술어	예
부사어(체언 + 과/와) + 같다, 다르다, 닮다	예지는 <u>어머니와</u> 닮았다.
부사어(체언 + (으)로) + 삼다, 변하다	부인은 청아를 <u>양녀로</u> 삼았다.
부사어(체언 + 에/에게) + 넣다, 두다, 다가서다	편지를 <u>우체통에</u> 넣다.
부사어(체언 + 에게) + 수여 동사	그가 <u>그녀에게</u> 책을 주었다.
부사어(어간+ -게, -이/히) + 굴다, 보이다	<u>비겁하게</u> 굴지 마라.

심화 학습 **보어와 필수적 부사어의 차이**

물이 <u>얼음이</u> 되었다. / 물이 <u>얼음으로</u> 되었다.

→ '얼음이'는 보어이고, '얼음으로'는 필수적 부사어이다. 조사 '이'와 '으로'의 차이로 인해 문장 성분이 달라진다.

3. 독립 성분 → 독립어

독립어: 문장 내의 다른 성분들과 직접적인 관련이 없는 문장 성분

형식

서술어	예
감탄사	아아, 겨울인가!
체언 + 호격 조사(아/야/이여)	민중이여, 궐기하라.
제시하는 말	청춘. 이것은 가슴 설레는 말이다.
명령이나 의지를 표현하는 단어가 하나의 문장을 이룰 때	조용! 어서! 싫어! 차렷!

특징: 독립어를 생략해도 문장은 완전히 성립된다.

📑 기출 문제 풀이로 핵심 포인트

다음 중 맞으면 O, 틀리면 X 표시하시오.

01. '그는 친구의 딸을 며느리로 삼았다'에서 주성분 개수는 3개이다. ▭

02. '잎이 노랗게 물들었다'에서 '물들었다'는 부사어를 필수적으로 요구하는 두 자리 서술어이다. ▭

03. '몸은 아파도 마음만은 날아갈 것 같다'에서 '마음만은'은 부사어이다. ▭

정답 **01** O **02** O **03** X (보조사 '만'과 '은'이 결합하여 주어 역할을 하고 있다)

[01-02] 다음 글을 읽고 물음에 답하시오.

관형어와 부사어는 다른 말을 수식하는 문장 성분으로, 부속 성분이다. 관형어는 체언을 수식하고 부사어는 주로 용언을 수식한다. 관형어나 부사어가 실현되는 방법은 주로 다음과 같다.

(가) 저 바다로 어서 빨리 떠나자.
(나) 찬 공기가 따뜻하게 변했다.
(다) 민지의 동생이 학교에 갔다.

(가)의 '저'와 '어서'처럼 관형사와 부사가 그 자체로 각각 관형어와 부사어로 쓰일 수 있다. 또한 (나)의 '찬'과 '따뜻하게' 처럼 용언의 어간에 전성 어미가 결합하거나, (다)의 '민지의'와 '학교에'처럼 체언에 격 조사가 결합하여 쓰일 수도 있다.

관형어와 부사어는 문장에서 필수적인 성분이 아니므로 일반적으로 생략이 가능하다. 다만, ㉠ 의존 명사를 수식하는 관형어나 ㉡ 서술어가 필수적으로 요구하는 부사어는 생략할 수 없다. 또한 관형어와 부사어는 각각 여러 개를 겹쳐서 사용할 수 있다.

01 윗글을 추론한 내용으로 적절하지 않은 것은?

① 용언도 관형어나 부사어가 될 수 있다.
② 부사어는 문장에서 겹쳐 쓰일 수 있다.
③ 필수적으로 요구하는 관형어와 부사어는 주성분이다.
④ '나는 길에서 학원 친구를 만났다'를 보면 명사도 관형어가 될 수 있다.

01

정답분석
③ 의존 명사를 수식하는 관형어나 서술어가 필수적으로 요구하는 부사어는 문장에서 생략할 수 없는 문장 성분인 것은 맞지만 관형어와 부사어는 다른 말을 수식하는 문장 성분으로 부속 성분이지 주성분이 될 수 없다.

오답해설
① '찬'과 '따뜻하게'처럼 용언의 어간에 전성 어미가 결합한 용언도 관형어나 부사어가 될 수 있다.
② '어서 빨리'처럼 부사어는 문장에서 겹쳐 쓸 수 있다.
④ '나는 길에서 학원 친구를 만났다'에서 '학원'은 품사는 명사이지만 체언 '친구'를 수식하는 기능을 하므로 관형어가 될 수 있다.

02 밑줄 친 부분이 ㉠, ㉡에 해당하는 예로 적절한 것은?

2022학년도 11월 고1 학력평가

① ㉠: <u>작은</u> 것이 아름답다.

  ㉡: 내가 <u>회장으로</u> 그 회의를 주재하였다.

② ㉠: <u>그</u> 집은 주변 풍경과 잘 어울린다.

  ㉡: 이 그림은 가짜인데도 <u>진짜와</u> 똑같다.

③ ㉠: 친구에게 책을 <u>한</u> 권 선물 받았다.

  ㉡: 강아지들이 <u>마당에서</u> 뛰논다.

④ ㉠: 그는 <u>노력한</u> 만큼 좋은 결과를 얻었다.

  ㉡: 나는 꽃꽂이를 <u>취미로</u> 삼았다.

02

정답분석

④ '노력한'은 의존 명사 '만큼'을 수식하는 관형어이고, '취미로'는 서술어 '삼았다'가 필수적으로 요구하는 부사어이기 때문에 생략할 수 없으므로 각각 ㉠, ㉡에 해당하는 예이다.

오답해설

① '회장으로'는 서술어 '주재하였다'가 필수적으로 요구하는 부사어가 아니므로 ㉡에 해당하지 않는다.

② '그'는 의존 명사를 수식하는 관형어가 아니므로 ㉠에 해당하지 않는다.

③ '마당에서'는 서술어 '뛰논다'가 필수적으로 요구하는 부사어가 아니므로 ㉡에 해당하지 않는다.

03 다음 글을 읽고 추론한 내용으로 적절하지 않은 것은?

> 서술어의 자릿수란 서술어가 필수적으로 요구하는 문장 성분의 개수를 의미하는 것으로, 문법적으로 정확하지 못한 문장을 수정하는 데 고려해야 할 중요한 기준이다. 서술어의 자릿수와 관련하여 다음과 같은 예를 들 수 있다.
>
> - 한 자리 서술어: 꽃이 피었다.
> - 두 자리 서술어: 고양이가 쥐를 잡았다.
> - 세 자리 서술어: 동생은 나에게 책을 주었다.
>
> 그런데 서술어는 문장에서 사용되는 의미에 따라 필수적으로 요구하는 문장 성분이 달라지기도 한다. 예를 들어 서술어 '놓다'의 경우, '계속해 오던 일을 그만두고 하지 아니하다'의 의미를 가질 때에는 '그는 일손을 놓다'로 두 자리 서술어이지만 '잡거나 쥐고 있던 물체를 일정한 곳에 두다'를 의미할 때에는 '형은 책을 책상에 놓다'처럼 세 자리 서술어가 된다. 다음의 예를 추가로 살펴보자.
>
> > [살다]
> > - 불 따위가 타거나 비치고 있는 상태에 있다.
> >   예 바람 때문에 불씨가 다시 ㉠ 살았다.
> > - 어떤 직분이나 신분의 생활을 하다.
> >   예 그는 조선 시대에 오랫동안 벼슬을 ㉡ 살았다.

① '희선이는 맛있는 빵을 먹었다'에서 '먹었다'는 두 자리 서술어이다.
② '빨간 장미꽃이 활짝 피었다'에서 '피었다'는 두 자리 서술어이다.
③ '엄마와 나는 닮았다'에서 '닮았다'는 두 자리 서술어이다.
④ ㉠은 한 자리 서술어이고 ㉡은 두 자리 서술어이다.

03

정답분석

② '빨간 장미꽃이 활짝 피었다'에서 '피었다'는 주어 '장미꽃이'만을 필수적으로 요구하므로 한 자리 서술어이다. 나머지 문장 성분인 '빨간'과 '활짝'은 뒤의 문장 성분을 수식하는 부속 성분이다.

오답해설

① '희선이는 맛있는 빵을 먹었다'에서 '먹었다'는 주어 '희선이는'과 목적어 '빵을'을 필수적으로 요구하는 두 자리 서술어이다.
③ '엄마와 나는 닮았다'에서 '닮았다'는 주어 '나는'과 부사어 '엄마와'를 필수적으로 요구하는 두 자리 서술어이다.
④ ㉠은 주어인 '불씨가'만을 요구하는 한 자리 서술어, ㉡은 주어인 '그는'과 목적어인 '벼슬을'을 요구하는 두 자리 서술어이다.

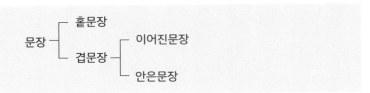

08 문장의 짜임

문장

```
문장 ┬ 홑문장
     └ 겹문장 ┬ 이어진문장
              └ 안은문장
```

1. 홑문장: '주어-서술어'의 관계가 한 번 성립하는 문장

> 예 · 그런 사람이(주어) 어찌(부사어) 그런 일을(목적어) 해(서술어)?
> · 나는(주어) 나만의 삶을(목적어) 나만의 방식으로(부사어) 산다(서술어).

┌→ 이어진 문장, 안은 문장
2. 겹문장: '주어-서술어'의 관계가 두 번 이상 성립하는 문장

1) 이어진문장: 둘 이상의 문장들이 대등하거나 종속적으로 이어지는 것

┌ **대등하게 이어진 문장:** 앞 절과 뒤 절이 대등한 관계로 결합한 문장이다.

기능	연결 어미	예
나열	-고, -(으)며	비가 오고, 바람이 분다.
대조	-(으)나, -지만	그는 죽었으나, 예술은 살아 있다.
선택	-거나, -든지	점심에 밥을 먹든지 빵을 먹어라.

→ 앞 절과 뒤 절이 구조상, 의미상 대칭성이 있음
→ 앞 절과 뒤 절의 순서 바꿈이 가능 예 비가 오고, 바람이 분다. → 바람이 불고, 비가 온다.

└ **종속적으로 이어진 문장:** 앞 절과 뒤 절의 의미가 대등하지 못하고 종속적인 문장이다.

기능	연결 어미	예
조건, 가정	-(으)면, -거든	이 모자가 좋으면, 네가 가져라.
이유, 원인	-(아)서, -(으)므로, -(으)니까	콩쥐는 모자가 생겨서, 무척 기뻐했다.
의도	-(으)려고, -고자	너에게 주려고, 나는 선물을 샀다.
배경	-는데	콩쥐가 집에 가는데, 갑자기 누군가 달려왔다.
양보	-(으)ㄹ지라도	그가 안 올지라도, 우린 여기에 있을 것이다.

→ 앞 절과 뒤 절의 순서를 바꾸면 문장의 의미가 달라지거나 비문이 됨

> 예 이 모자가 좋으면, 네가 가져라. → 네가 가지면, 이 모자가 좋다.

2) 안은문장: 한 문장이 그 속에 다른 문장을 한 성분으로 안고 있는 것

┌ **안긴문장**: 다른 문장 속에 들어가 하나의 성분처럼 쓰이는 문장
├ **안은문장**: 안긴 문장을 포함한 문장

> **심화 학습   안은문장과 안긴문장 예시**
>
> 나는 [그가 그녀를 사랑했음]을 깨달았다.
>
> → 나는(주어), '그가 그녀를 사랑했음을(목적어)', '깨달았다(서술어)'로 이루어진 문장이다. 목적어인 '그가 그녀를 사랑했음을'은 '그가(주어)', '그녀를(목적어)', '사랑했음(서술어)'으로 이루어진 문장이다. 이 문장은 목적어로 안겨 있기 때문에 안긴문장이라고 하며, 전체 문장을 안은문장이라고 한다.

└ **안긴문장의 형성 방법**

종류	형성 방법	예
명사절	-(으)ㅁ, -기, -는 것	그녀가 마을 사람들을 속였음 / 우리가 학교에 가기에 / 시험을 치르는 것
관형절	-(으)ㄴ, -는, -(으)ㄹ, -던	내가 읽은 / 내가 읽는 / 내가 읽을 / 내가 읽던
부사절	-이, -게, -도록, -(아)서	아는 것도 없이 / 솜씨 있게 / 발에 땀이 나도록 / 비가 와서
서술절	주어 + 주어 + 서술어	민주는 눈이 예쁘다.
인용절	라고, 고	"무슨 일이지?"라고 / 인간이 누구나 존귀하다고

┌ **명사절을 안은 문장**: 명사절로 안긴 문장은 주어, 목적어, 부사어, 보어 역할을 한다.
│ 예 • [그녀가 마을 사람들을 속였음]이 밝혀졌다. (주어)
│   • [우리가 학교에 가기에] 아직 이르다. (부사어)
│   • 내일 [시험을 치르는 것을] 모르는 사람은 없다. (목적어)
│
├ **관형절을 안은 문장**: 관형절로 안긴 문장은 관형어 역할을 한다.
│ 예 • 이 책은 [내가 읽은/ 내가 읽는/ 내가 읽을/ 내가 읽던] 책이다.
│   • 주원은 [이마에 흐른 / 이마에 흐르는 / 이마에 흐르던] 땀을 씻었다.
│   • [푸른 / 푸르던] 나무가 있다(있었다).
│   → 관형절의 수식을 받는 체언과 관형절의 한 성분이 동일할 때 관형절의 한 성분이 생략이 된다.
│
│ ┌ 관계 관형절: 관형절의 수식을 받는 체언이 관형절의 한 성분이 되는 경우
│ │   예 • 내가 [어제 책을 산] 서점은 우리 집 옆에 있다.
│ │   • 철수는 [새로 맞춘] 양복을 입었다.
│ └ 동격 관형절: 관형절의 수식을 받는 체언이 관형절의 한 성분이 아니라 관형절 전체의 내용을 받아주는 경우
│   예 • 저는 [제가 그분을 만난] 기억이 없습니다.
│   • [비가 오는] 소리가 들린다.

부사절을 안은 문장: 부사절로 안긴 문장은 부사어 역할을 한다.

예
- 영희는 [아는 것도 없이] 잘난 척을 한다.
- 그는 [솜씨 있게] 생겼다.
- 그는 [발에 땀이 나도록] 뛰었다.
- 길이 [비가 와서] 질다.

서술절을 안은 문장: 서술절로 안긴 문장은 서술어 역할을 한다. (주어+주어+서술어)

예
- 토끼는 [앞발이 짧다].
- 정아는 [얼굴이 예쁘다].
- 할아버지께서는 [인정이 많으시다].

인용절을 안은 문장: 인용절로 안긴 문장은 부사어 역할을 한다.

예
- 영희는 ["무슨 일이지?"라고] 말했다. (직접 인용절)
- 우리는 [인간이 누구나 존귀하다고] 믿는다. (간접 인용절)

🗒 기출 문제 풀이로 핵심 포인트

다음 중 맞으면 O, 틀리면 X 표시하시오.

01. '우리는 급히 학교로 돌아오라는 연락을 받았다'는 동격 관형절이다.

02. 이어진 문장은 앞뒤 문장의 순서가 바뀌어도 동일한 의미를 나타낸다.

03. '지금은 학교에 가기에 늦은 시간이다'에서 안긴 문장은 조사 '에'와 결합하여 안은문장의 부사어로 쓰이고 있다.

04. '철이는 아이가 아니다'에는 서술절이 안겨 있다.

정답 01 O 02 X (대등하게 이어진 문장의 경우 동일한 의미를 나타내지만, 종속적으로 이어진 문장의 경우 순서가 바뀌면 의미가 바뀌게 된다) 03 O 04 X ('아이'는 보어로 서술절의 주어가 될 수 없다)

01 다음 글을 바탕으로 <보기>를 탐구한 내용으로 적절하지 않은 것은?

2021학년도 6월 고1 학력평가

일반적으로 문장은 주어와 서술어의 관계에 따라 홑문장과 겹문장으로 나눌 수 있다. 홑문장은 '주어-서술어'의 관계가 한 번만 나타나는 문장이고, 겹문장은 '주어-서술어'의 관계가 두 번 이상 나타나는 문장이다. 겹문장에는 안은 문장이 있다.

다른 문장 속에 들어가 하나의 성분처럼 쓰이는 문장을 안긴문장이라고 하며, 이 문장을 포함한 문장을 안은문장이라고 한다. 안긴문장은 문법 단위로는 '절'에 해당하며, 이는 크게 명사절, 관형절, 부사절, 서술절, 인용절의 다섯 가지로 나뉜다.

명사절은 '우리는 <u>그가 돌아오기를</u> 기다린다.'의 밑줄 친 부분과 같이 절 전체가 명사처럼 쓰이는 것으로, 문장에서 주어, 목적어, 보어, 부사어 등의 역할을 한다. 관형절은 절 전체가 관형어의 기능을 하는 것으로, '<u>아이들이 들어오는</u> 소리를 들었다.'의 밑줄 친 부분과 같이 체언 앞에 위치하여 체언을 수식하는 역할을 한다. 부사절은 절 전체가 부사어의 기능을 하는 것으로, '하늘이 <u>눈이 시리도록</u> 푸르다.'의 밑줄 친 부분과 같이 서술어를 수식하는 역할을 한다. 서술절은 '나는 <u>국어가 좋아.</u>'의 밑줄 친 부분과 같이 절 전체가 서술어의 기능을 하는 것이다. 인용절은 '담당자가 <u>"서류는 내일까지 제출하세요."라고</u> 말했다.'의 밑줄 친 부분과 같이 화자의 생각 혹은 느낌이나 다른 사람의 말을 인용한 것이 절의 형식으로 안기는 경우로, '고', '라고'와 결합하여 나타난다.

<보기>

⊙ <u>오랫동안 여행을 떠났던</u> 친구가 ⓒ <u>자신이 돌아왔음을</u> 알리며 ⓒ <u>곧장 나를 만나러 오겠다고</u> 기분 좋게 약속해서 나는 ⓔ <u>마음이 설렜다.</u>

---

① ⊙은 뒤에 오는 명사 '친구'를 수식하므로 관형절로 안긴문장으로 볼 수 있군.

② ⓒ은 서술어 '알리며'의 부사어 역할을 하므로 명사절로 안긴문장으로 볼 수 있군.

③ ⓒ은 '고'를 사용하여 친구의 말을 인용하고 있으므로 인용절로 안긴문장으로 볼 수 있군.

④ ⓔ은 주어 '나'의 상태를 서술하는 역할을 하므로 서술절로 안긴문장으로 볼 수 있군.

01

정답분석

② ⓒ은 명사절로 안긴문장으로, 절 전체가 명사처럼 쓰여 서술어 '알리며'의 목적어 역할을 한다.

02 다음 글을 바탕으로 이어진문장을 구분한 내용으로 적절하지 않은 것은?

2021학년도 6월 고1 학력평가

> 이어진문장은 둘 이상의 절이 연결 어미에 의해 결합된 문장을 말한다. 절이 이어지는 방법에 따라 대등하게 이어진문장과 종속적으로 이어진문장으로 나뉜다. 대등하게 이어진문장은 앞 절과 뒤 절이 '-고', '-지만' 등의 연결 어미에 의해 이어지며, 각각 '나열', '대조' 등의 대등한 의미 관계로 해석되어 대칭성이 있다. 대칭성이 있기 때문에 앞 절과 뒤 절의 순서 바꿈이 가능하다. 반면 종속적으로 이어진문장은 앞 절과 뒤 절이 '-아서/-어서', '-(으)면', '-(으)러' 등의 연결 어미에 의해 이어지며, 앞 절이 뒤 절에 대해 각각 '원인', '조건', '목적' 등의 종속적인 의미 관계로 해석된다. 문장의 관계가 종속적이기 때문에 앞 절과 뒤 절의 순서를 바꾸면 문장의 의미가 달라지거나 비문이 된다.

	예문	의미 관계
①	하늘도 맑고, 바람도 잠잠하다.	대등
②	나는 시험공부를 하러 학교에 간다.	종속
③	그는 고향에 가면 항상 큰집에 들른다.	대등
④	갑자기 문이 열려서 사람들이 놀랐다.	종속

02

정답분석
③ 앞 절인 '그는 고향에 가다'와 뒤 절인 '항상 큰집에 들른다'가 연결 어미 '-면'으로 이어지며, 앞 절이 뒤 절에 대해 '조건'의 종속적인 의미 관계로 해석된다.

오답해설
① 앞 절인 '하늘도 맑다'와 뒤 절인 '바람도 잠잠하다'가 연결 어미 '-고'로 이어지며, 앞 절이 뒤 절에 대해 '나열'의 대등한 의미 관계로 해석된다.
② 앞 절인 '나는 시험공부를 하다'와 뒤 절인 '학교에 간다'가 연결 어미 '-러'로 이어지며, 앞 절이 뒤 절에 대해 '목적'의 종속적인 의미 관계로 해석된다.
④ 앞 절인 '갑자기 문이 열리다'와 뒤 절인 '사람들이 놀랐다'가 연결 어미 '-어서'로 이어지며, 앞 절이 뒤 절에 대해 '원인'의 종속적인 의미 관계로 해석된다.

09 문법 요소

종결 표현

구분	설명	종결 표현	예
평서문	단순하게 진술	-ㅂ니다, -네, -(ㄴ)다, -아/어	밥을 먹는다.
의문문	질문하여 대답을 요구	-ㅂ니까, -는가, -(느)냐	밥은 먹었느냐?
의문문	• **설명 의문문**: 의문사가 들어 있어 그에 대한 구체적인 설명 요구 예 누가 그 일을 했니? / 언제 출발할까? • **판정 의문문**: 의문사 없이 단순한 긍정이나 부정의 대답 요구 예 이거 네가 만들었니? / 이따 집에 갈 거야? • **수사 의문문**: 의문 형식으로 화자가 알고 있는 상황을 확인 또는 강조 예 시험인데 일찍 일어나야 하지 않겠니? (명령) 예 원하는 대로만 된다면 얼마나 좋을까? (강조) 예 지난 휴가 때 동해에서 정말 즐거웠지? (확인)		
명령문	듣는 이가 어떤 행동을 하기를 요구	-십시오, -게, -아라/어라	밥을 먹어라.
명령문	• **직접 명령**: 화자와 청자가 대면한 상황에서 하는 명령. 명령형 종결 어미 '-아라/어라'를 쓴다. 예 성공하고 싶다면 실력을 쌓아라. • **간접 명령**: 신문, 방송과 같은 대중 매체를 통해 불특정 다수를 대상으로 하는 명령. 명령형 종결 어미 '-(으)라'를 쓴다. 예 성공하고 싶다면 실력을 쌓으라.		
청유문	듣는 이에게 어떤 행동을 같이 할 것을 요청. 간혹 청자만 행하기를 바라거나 화자만 행하기를 바랄 때도 쓰임	-ㅂ시다, -세, -자	밥을 먹자.
감탄문	말하는 이의 느낌을 표현	-구려, -구먼, -구나	밥을 먹는구나.

부정 표현

구분	설명	부정 표현		예
'안' 부정문 (의지 부정)	어떤 내용의 단순 부정, 또는 주어의 의지에 의한 부정	긴 부정문	'어간 + -지 아니하다/않다'	• 옷이 예쁘지 않다. • 영희는 공부를 하지 않았다.
'안' 부정문 (의지 부정)		짧은 부정문	'안(아니)' + 동사나 형용사	• 옷이 안 예쁘다. • 영희는 공부를 안 했다.
'못' 부정문 (능력 부정)	주어의 능력 부족이나 외부 원인에 의한 부정	긴 부정문	'동사의 어간 + -지 못하다'	콩쥐가 학교에 가지 못한다.
'못' 부정문 (능력 부정)		짧은 부정문	'못' + 동사	콩쥐가 학교에 못 간다.
'말다' 부정문	명령문, 청유문에 쓰이는 부정 → 간접 명령문에서는 '-지 말라'가 쓰인다.			• 집에 가지 마라 / 말아라. • 학교에 가지 말자.

시간 표현

구분	개념	실현 요소	예
과거	사건시가 발화시보다 앞서 있는 시제	• 선어말 어미 '-았-, -었-, -였-, *-았었-, -었었-, -였었-' • 동사 + 관형사형 어미 '-(으)ㄴ' • 형용사, 서술격조사 + '-던' • 시간 부사어(어제, 옛날 등)	• 철수는 학원을 다녔다. • 아까 먹은 주스 • 귀엽던 동생 • 어제 비가 왔다.
현재	사건시와 발화시가 일치하는 시제	• 동사 + 선어말 어미 '-ㄴ/는' • 동사 + 관형사형 어미 '-는' • 형용사, 서술격 조사 + '-(으)ㄴ' • 시간 부사어(지금, 오늘 등)	• 철수는 학원을 다닌다. • 지금 가는 중이다. • 귀여운 동생 • 지금 비가 온다.
미래	사건시가 발화시보다 나중인 시제	• 선어말 어미 '-겠-. -(으)리' • 관형사형 어미 '-(으)ㄹ' • 시간 부사어(내일 등)	• 학원을 다니겠습니다. • 여기 떠날 사람이 있다. • 내일 비가 올 것이다.

PART 1 이론 문법 해커스공무원 황진선 이해쏙쏙 문법 필기노트

심화 학습 과거 시제

→ '-았었-, -었었-, -였었-'은 '현재는 그렇지 않다'라는 단절의 의미를 뚜렷하게 한다.

→ '-았-, -었-'은 일반적으로 과거 시제를 표현하는 선어말 어미로 알려져 있지만, 상황에 따라서 현재 시제와 미래 시제를 표현하기도 한다.

완결 (현재)	• 나는 조금 전에 왔고 경숙이는 지금 왔어. • (방 안에 막 들어가면서) 늦었어요. 죄송해요.
완결 지속 (현재)	저는 엄마를 닮았어요.
앞날 인식 (미래)	숙제를 하나도 하지 않았어? 넌 내일 학교 가면 혼났다.

심화 학습 현재 시제

→ 관형사형 어미에 의한 시제는 상대적 시제이므로 발화시의 시제와 일치하지 않는다.

절대 시제	발화시를 기준으로 결정되는 시제
상대 시제	전체 문장의 사건시에 기대어 상대적으로 결정되는 시제

예 • 영숙이는 어제 청소하시는 어머니를 도와 드렸다. (절대 시제: 과거 / 상대 시제: 현재)

  • 어제 도서관은 책을 읽는 학생들로 붐볐다. (절대 시제: 과거 / 상대 시제: 현재)

→ '-는-, -ㄴ-'은 보편적 진리를 나타내거나(현재 시제) 미래에 대한 확신(미래 시제)을 표현할 수 있다.

보편적 진리 (현재)	지구는 돈다.
확실한 미래 (미래)	내일 이도령과 만난다.

📑 기출 문제 풀이로 핵심 포인트

다음 중 맞으면 O, 틀리면 X 표시하시오.

01. 명령문으로 주로 '예쁘다, 귀엽다, 착하다'와 같은 어휘들이 서술어로 사용된다.

02. '우린 정처 없이 떠나가고 있네'는 현재 진행되고 있는 것을 표현한 동작상 표현이다.

03. '"참 재미있었다."라고 말할까?'를 간접 인용 표현으로 바꾸면 "'참 재미있었다'라고 말할까?'가 된다.

정답 01 X (명령형 종결 어미는 형용사와 결합할 수 없다) **02** O **03** X (간접 인용은 어미 '-라고'가 아닌 '-고'를 사용해야 한다)

09 문법 요소 115

01 밑줄 친 ⊙의 예로 적절한 것은?

> <보기>
>
> 우리말의 문장 유형은 평서문, 의문문, 명령문, 청유문, 감탄문으로 나뉘는데, 대개 특정한 종결 어미를 통해 실현된다. 그런데 경우에 따라 ⊙ 동일한 형태의 종결 어미가 서로 다른 문장 유형을 실현하기도 한다.

① -니
- 너는 무엇을 먹었니?
- 아버님은 어디 갔다 오시니?

② -ㄹ게
- 오늘은 내가 먼저 나갈게.
- 내가 나중에 다시 전화할게.

③ -ㅂ시다
- 지금부터 함께 청소를 합시다.
- 밥을 먹고 공원에 놀러 갑시다.

④ -어라
- 늦을 것 같으니까 어서 씻어라.
- 그 사람을 몹시도 만나고 싶어라.

01

정답분석

④ '늦을 것 같으니까 어서 씻어라'의 종결 어미 '-어라'는 명령문을 실현하고, '그 사람을 몹시도 만나고 싶어라'의 종결 어미 '-어라'는 감탄문을 실현하고 있으므로 동일한 형태의 종결 어미가 서로 다른 문장 유형을 실현하고 있는 예에 해당한다.

오답해설

① '너는 무엇을 먹었니?'와 '아버님은 어디 갔다 오시니?'의 종결 어미 '-니' 모두 동일하게 의문문을 실현하고 있다.

② '오늘은 내가 먼저 나갈게.'와 '내가 나중에 다시 전화할게.'의 종결 어미 '-ㄹ게'는 모두 동일하게 평서문을 실현하고 있다.

③ '지금부터 함께 청소를 합시다.'와 '밥을 먹고 공원에 놀러 갑시다.'의 종결 어미 '-ㅂ시다'는 모두 동일하게 청유문을 실현하고 있다.

의문문은 일반적으로 화자가 청자에게 질문하여 대답을 요구하는 문장이다. 의문문은 상대 높임에 따라 다양한 의문형 종결 어미로 표현되며, 의문사가 함께 나타나기도 한다. 의문문의 가장 대표적인 유형이 판정 의문문과 설명 의문문이다.

판정 의문문은 화자의 질문에 대하여 긍정이나 부정의 대답을 요구하는 의문문이다. 판정 의문문이 부정문일 때는 질문하는 사람에 긍정적이면 '응/예/네'로, 부정적이면 '아니(요)'로 대답한다. 판정 의문문 중 화자가 이미 알고 있거나 믿고 있는 사실에 대하여 청자의 동의를 구하거나 확인을 할 때는 어미 '-지' 또는 '-지 않-'을 활용한다. 예를 들어, 청자가 밥을 먹은 것을 확인하기 위해, "밥은 먹었지?" 또는 "밥은 먹었지 않니?"라는 의문문을 쓸 수 있다. 한편 "너는 학교에 갔니 안 갔니?"처럼 선택을 요구하는 의문문도 가부의 답변을 요구한다는 점에서 판정 의문문에 포함한다.

설명 의문문은 주로 의문사가 사용되어 그 의문사가 가리키는 내용에 대하여 청자가 구체적으로 설명해 주기를 요구하는 의문문이다. 의문사에는 '누구, 무엇, 어디, 언제' 등의 의문 대명사, '몇, 어떤'과 같은 의문 관형사, '왜, 어찌'와 같은 의문 부사, '어떠하다, 어찌하다'와 같은 의문 용언 등이 있다. 예를 들어, "어디 가니?"의 경우, "학교 가요."와 같은 대답을 요구하면 설명 의문문이다. 의문 대명사가 포함된 의문문의 경우, 상황에 따라 판정 의문문으로 사용되기도 한다. 이때의 의문 대명사는 정해지지 아니한 사람, 물건, 방향, 장소 따위를 가리키는 부정칭 대명사로 볼 수 있다. 앞의 "어디 가니?"의 경우, "예." 또는 "아니요."의 대답을 요구하면 판정 의문문이 되며, 이때의 '어디'는 부정칭 대명사로 사용된 것이다.

<보기>

- 일찍 등교한 친구끼리 교실에서
  A: 왜 이리 힘이 없어. ㉠ 아침 못 먹었어?
  B: 응, ㉡ 너도 못 먹었지? 매점 가서 해결하자.

- 함께 하교하는 친구끼리 버스 안에서
  A: ㉢ 너 오늘 저녁에 무엇을 하니?
  B: 아니. 넌 무엇을 하니?

- 친구끼리 길을 걸으면서
  A: ㉣ 아까부터 왜 자꾸 웃기만 하는 거야?
  B: 어제 본 영화가 자꾸 생각이 나서.

① ㉠: 청자의 반응으로 보아 청자에게 긍정이나 부정의 대답을 요구하는 것으로 볼 수 있다.

② ㉡: 자신이 믿고 있는 사실을 청자에게 확인하려는 것으로 볼 수 있다.

③ ㉢: 이어지는 대답에 따르면 의문사가 가리키는 내용을 설명해 달라는 의도를 드러낸 것으로 볼 수 있다.

④ ㉣: 청자의 반응으로 보아 화자는 의문의 초점에 대해 구체적인 설명을 요청하는 것으로 볼 수 있다.

02

정답분석

③ ㉢의 이어지는 질문에 대한 대답이 '아니'이므로 의문사가 가리키는 내용을 설명해 달라는 의도가 아닌 질문에 대하여 긍정이나 부정의 대답을 요구하는 의문문이다.

오답해설

① 청자가 질문에 대하여 '응'이라고 대답하고 있으므로 화자는 청자에게 긍정이나 부정의 대답을 요구하는 것으로 볼 수 있다.

② 질문에 이어지는 '매점 가서 해결하자'라는 대사를 보면 화자는 자신이 믿고 있는 사실에 대하여 확인하고자 질문을 하는 것을 알 수 있다.

④ 청자의 대답을 보면 화자는 청자에게 '왜'라는 의문사가 가리키는 내용에 대하여 청자가 구체적으로 설명해 주기를 요구하고 있는 것을 알 수 있다.

03 밑줄 친 부분이 <보기>의 ㉠에 해당하는 예로 적절하지 않은 것은?

<보기>

　일반적으로 의문문은 화자가 청자에게 질문에 대한 대답을 요청할 때, 청유문은 화자가 청자에게 함께 행동할 것을 요청할 때 쓰인다. 그런데 담화 상황에 따라 의문문과 청유문 모두 ㉠ 화자가 청자에게 행동을 요청할 때 쓰이기도 한다.

① A: 애들아, 영화 좀 보자.

　B: 알았어. 떠들어서 미안해.

② A: 환기가 필요하구나. 창문 좀 열자.

　B: 네. 알겠습니다.

③ A: 잠깐, 내가 안경을 어디다 뒀더라?

　B: 너 혼자 거기서 뭐 하니? 빨리 나와.

④ A: 방 청소를 해야 되는데, 좀 비켜 줄래?

　B: 네, 엄마. 바로 나갈게요.

03

정답분석

③ '내가 안경을 어디다 뒀더라?'는 자신이 알지 못하는 사실에 대하여 청자가 구체적으로 설명해 주기를 요구하는 의문문이지 화자가 청자에게 행동을 요청하는 것은 아니다.

04 **<보기>의 ㉠과 ㉡이 모두 적용된 예로 적절한 것은?**

2020년 3월 고1 학력평가

> <보기>
>
>   부정 표현이란 부정의 뜻을 나타내는 표현을 말한다. 부정 표현은 부사인 '안'과 '못'을 사용해서 짧게 표현할 수도 있고, ㉠ '-지 아니하다', '-지 못하다' 등을 사용해서 길게 표현할 수도 있다. 부정 표현은 능력을 부정하거나 의지를 부정하는 것 이외에 ㉡ 단순히 사실이나 상태를 부정하는 의미로도 해석된다.

① 나는 저녁을 먹으려고 간식을 안 먹었다.

② 그는 용기가 없어서 발표를 잘하지 못했다.

③ 다행히 소풍을 가는 날 비가 내리지 않았다.

④ 동생은 숙제를 한다며 놀이터에 나가지 않았다.

04

정답분석

③ '비가 내리지 않았다'에는 '-지 아니하다'라는 긴 부정 표현이 사용되었다. 또한 비가 내리지 않은 현상을 나타낸 것이므로, 이는 의지나 능력이 아닌 단순히 사실
  이나 상태를 부정하는 의미로 사용되었다고 할 수 있다.

오답해설

① '안'을 사용한 짧은 부정 표현으로, 의지 부정에 해당한다.

② '-지 못하다'를 사용한 긴 부정 표현으로, 능력 부정에 해당한다.

④ '-지 아니하다'를 사용한 긴 부정 표현으로, 의지 부정에 해당한다.

05 다음 글을 바탕으로 <보기>의 ㉠~㉢을 이해한 내용으로 적절하지 않은 것은?

어떤 행위, 사건, 상태의 시간적 위치를 언어적으로 나타내 주는 문법 범주를 시제라고 한다. 시제는 사건이 발생한 시점인 사건시와 그 사건을 언어로 표현하는 시점인 발화시의 선후 관계에 따라 결정된다.

과거 시제는 사건시가 발화시보다 앞서는 시제로, 주로 선어말 어미 '-았-/-었-'을 통해 실현된다, 또 동사 어간에 붙는 관형사형 어미 '-(으)ㄴ'과 용언의 어간이나 서술격 조사에 붙는 '-던'을 통해 실현된다. 현재 시제는 사건시와 발화시가 일치하는 시제로, 동사에서는 선어말 어미 '-ㄴ-/-는-' 및 관형사형 어미 '-는'을 통해서 실현되고, 형용사나 서술격 조사에서는 관형사형 어미 '-(으)ㄴ'을 통해 실현되거나 선어말 어미 없이 기본형을 사용하여 현재의 의미를 나타낸다. 미래 시제는 사건시가 발화시보다 나중인 시제로, 선어말 어미 '-겠-'을 통해 실현되는 것이 일반적이나 관형사형 어미 '-(으)ㄹ' 또는 관형사형 어미 '-(으)ㄹ'과 의존 명사 '것'이 결합된 '-(으)ㄹ 것'을 통해서도 실현된다. 이러한 방법 외에도 '어제, 지금, 내일' 등과 같은 부사어를 사용하여 시제를 드러내기도 한다.

그런데 시간을 표현하는 데 사용되는 문법 요소가 언제나 특정한 시제를 나타내는 것은 아니다. 예를 들어 선어말 어미 '-ㄴ-/-는-'은 주로 현재 시제를 나타내는 데 사용되지만 미래를 나타내는 경우에 쓰이기도 하고, 선어말 어미 '-겠-'은 주로 미래 시제를 표현하는 데 사용되지만 추측을 나타내는 경우에 쓰이기도 한다.

<보기>
㉠ 비가 지금 내린다.
㉡ 비가 내일 내릴 것이다.
㉢ 내가 찾아간 곳에 비가 많이 내렸다.

① ㉠에는 사건시와 발화시가 일치하는 시제가 나타난다.
② ㉡에는 선어말 어미를 활용한 시간 표현이 나타난다.
③ ㉢에는 관형사형 어미를 활용한 시간 표현이 나타난다.
④ ㉡에는 사건시가 발화시보다 나중인, ㉢에는 사건시가 발화시보다 앞서는 시제가 나타난다.

05

정답분석

② ㉡은 동사의 어간 '내리'에 관형사형 어미 'ㄹ'과 의존 명사 '것'이 결합한 '내릴 것'과 부사어 '내일'을 통해 미래 시제임을 알 수 있다. 하지만 선어말 어미를 활용한 시간 표현은 나타나지 않는다.

오답해설

①, ③ ㉠은 동사 '내리다'에 선어말 어미 'ㄴ'이 결합한 '내린다'와 부사어 '지금'을 통해 현재 시제임을 알 수 있다. ㉢은 동사의 어간 '찾아가'에 관형사형 어미 'ㄴ'이 결합한 '찾아간'과 동사 '내리다'에 선어말 어미 '었'이 결합한 '내렸다'를 통해 과거 시제임을 알 수 있다.

10 높임 표현 & 피동/사동 표현

주체 높임

개념: 서술의 주체(주어)를 높이는 방법

방법

- (조사 '께서') + 선어말 어미 '-(으)시'
- (조사 '께서') + 일부 특수 어휘: 계시다, 잡수시다, 주무시다, 편찮으시다, 돌아가시다

예 • 아버지께서 신문을 보신다.　　　　　　　• 할아버지는 점심이 되면 낮잠을 주무셨다.

심화 학습　압존법

문장의 주체가 말하는 이보다는 높지만 듣는 이보다는 낮아, 그 주체를 높이지 못하는 어법이다. 압존법은 가족이나 사제 간처럼 사적인 관계에 적용된다. 직장에서 쓰는 것은 어색하다.

예 • 할아버지, 아버지가 왔습니다. (O) / 국장님, 과장님이 외부에 나갔습니다. (X)

　• 할아버지, 아버지가 오셨습니다. (O) / 국장님, 과장님이 외부에 나가셨습니다. (O)

심화 학습　간접 높임

주체를 간접적으로 높이는 표현법으로, 높여야 할 대상의 신체 부분이나 성품, 심리, 개인적 소유물에 '-(으)시-'를 붙여 간접 높임으로 표현한다.

예 • 그분은 귀가 밝으십니다.　　　　　• 선생님의 말씀이 타당하십니다.

→ 그러나, 간접 높임을 지나치게 사용해서는 안 된다.

　예 • 사장님 눈에 먼지가 들어가셨다. (X) / 사장님 눈에 먼지가 들어갔다. (O)

　　• 손님, 주문하신 햄버거 나오셨습니다. (X) / 손님, 주문하신 햄버거 나왔습니다. (O)

심화 학습　'있다', '없다'의 주체 높임

높임의 대상을 직접적으로 높여야 하는 경우가 아니라면 간접 높임 표현을 사용해야 한다.

→ 직접 높임 '계시다', '안 계시다'

　예 • 할아버지께서 여기에 앉아 계셨습니다.　　　　　• 엄마 여기 안 계셔.

→ 간접 높임 '있으시다', '없으시다'

　예 • 사용 중에 불편한 점이 계시면 연락 주세요. (X) / 사용 중에 불편한 점이 있으시면 연락 주세요. (O)

　　• 더 하실 말씀 안 계시면 저는 일어나겠습니다. (X) / 더 하실 말씀 없으시면 저는 일어나겠습니다. (O)

객체 높임

개념: 서술의 객체(목적어, 부사어)를 높이는 방법

방법: 일부 특수 어휘(드리다, 모시다, 여쭙다, 뵙다, 찾아뵙다 등) 이용

예 • 나는 할아버지께 용돈을 드렸습니다.　　　　　• 과장님, 여쭤어볼 게 있어요.

　• 형이 선생님을 모시고 집으로 왔다.

상대 높임

┌ **개념**: 말하는 이가 듣는 이를 높이거나 낮추어 말하는 방법

└ **방법**: 종결 표현으로 실현

격식체는 말하는 이와 듣는 이 간의 심리적 거리가 먼 경우나 공적인 자리에서 쓰고, 비격식체는 말하는 이와 듣는 이 간의 심리적 거리가 가까운 경우나 사적인 자리에 쓴다.

구분		평서법	의문법	명령법	청유법	감탄법
격식체	아주 높임 (하십시오체)	·갑니다 ·가십니다	·갑니까? ·가십니까?	가십시오	·가십시다 ·가시지요	-
	예사 높임 (하오체)	가(시)오	가(시)오?	·가(시)오 ·가구려	갑시다	가는구려
	예사 낮춤 (하게체)	·가네 ·감세	·가는가? ·가나?	가게	가세	가는구먼
	아주 낮춤 (해라체)	간다	·가냐? ·가니?	·가(거)라 ·가렴 ·가려무나	가자	가는구나
비격식체	두루 높임 (해요체)	가요	가요?	가(세/셔)요	가(세/셔)요	가(세/셔)요
	두루 낮춤 (해체)	·가 ·가지	·가? ·가지?	·가 ·가지	·가 ·가지	·가 ·가지

심화 학습　두 가지 이상의 높임 표현이 복합적으로 사용되는 경우

- 선생님께 여쭈어 보아라.
- 과장님께서 방금 나가셨어요.
- 어머니께서는 오늘 선생님을 뵐 예정입니다.
- 아버지, 어머니께서 선생님을 모시고 오셨습니다.

능동과 피동

개념

- 능동: 주어가 동작을 제 힘으로 하는 것
- 피동: 주어가 다른 주체에 의해서 동작을 당하게 되는 것

  예 고양이가 쥐를 물었다. (능동) → 쥐가 고양이에게 물렸다. (피동)

형성

- 파생적 피동: 파생 접사 '-이-, -히-, -리-, -기-, -되다'
- 통사적 피동: '-어지다', '-게 되다'

이중 피동: 한 용언에 피동법이 두 번 쓰인 표현

예 • 쥐가 고양이에게 잡혀지다. (잡히어지다: 잡- + -히- + -어지다)

    • 곧 사실이 드러나게 되어지다. (드러나게 되어지다: 드러나- + -게 되다 + -어지다)

심화 학습　능동문만 가능한 경우

- 하니가 빵을 먹었다. (빵이 하니에게 먹혔다 X)
- 영희가 모자를 썼다. (모자가 영희에게 쓰였다 X)

심화 학습　능동문이 없는 피동문

- 날씨가 풀리다. (날씨를 풀다 X)
- 열매가 열리다. (열매를 열다 X)
- 구름이 걷히다. (구름을 걷다 X)
- 옷이 못에 걸리다. (못이 옷을 걸다 X)

주동과 사동

개념

- 주동: 주어가 동작을 직접 하는 것
- 사동: 주어가 다른 대상에게 동작을 하도록 시키는 것

  예 아이가 밥을 먹는다. (주동) → 어머니가 아이에게 밥을 먹인다. (사동)

형성

- 파생적 사동: 파생 접사 '-이-, -히-, -리-, -기-, -우-, -구-, -추-'
- 통사적 사동: '-게 하다'

  → 주동문이 사동문으로 바뀌면 서술어의 자릿수가 늘어나기도 한다.

  예 팥쥐가 짐을 <u>지다</u>. → 콩쥐가 팥쥐에게 짐을 <u>지우다</u>.
  　　　　　　(2개)　　　　　　　　　　　　　　　(3개)

심화 학습　**파생적 사동문과 통사적 사동문의 의미 차이**

- 파생적 사동문: 주어가 객체에게 직접적인 행위와 간접적인 행위를 한 것을 나타낸다.
  예 • 어머니가 딸에게 옷을 <u>입혔다</u>. → 직접, 간접 사동
  　 • 선생님께서 철수에게 책을 읽히셨다. → 간접 사동
- 통사적 사동문: 주어가 객체에게 간접적인 행위를 한 것을 나타낸다.
  예 • 어머니가 딸에게 옷을 <u>입게 하였다</u>. → 간접 사동
  　 • 선생님께서 철수에게 책을 읽게 하셨다 → 간접 사동

이중 사동: 한 용언에 피동법이 두 번 쓰인 표현

→ '-하다'를 쓸 수 있는 말에 무리하게 '-시키다'를 결합하지 않는다.

예 • 소개시켜 줄게 (X) → 소개해 줄게 (O)
　 • 그를 설득시켜 봐라 (X) → 그를 설득해 봐라 (O)

피동과 사동의 구분 방법

구분	피동	사동
문장 서술어	서술어에 '-어지다'를 붙이면 자연스럽다.	서술어에 '-게 하다'를 붙이면 자연스럽다.
목적어 여부	피동사 앞에 목적어가 없다. (예외도 있음) 예 쥐가 고양이에게 잡히다.	사동사 앞에 목적어가 있다. 예 엄마가 아이에게 밥을 먹이다.

심화 학습 형태가 같은 피동사와 사동사

구분	피동	사동
안기다	동생은 아버지에게 안겨서 차에 올랐다.	엄마가 아빠에게 아이를 안기다.
보이다	산이 보이다.	사람들에게 친구를 보이다.
잡히다	도둑이 경찰에게 잡히다.	엄마가 아이에게 연필을 잡혔다.
업히다	아기가 아빠 등에 업혀 잠에 들었다.	엄마가 아빠에게 아이를 업히다.
뜯기다	편지 봉투가 뜯긴 채 바닥에 떨어져 있었다.	목동이 소에게 풀을 뜯기다.
물리다	사나운 개에게 팔을 물리다.	개에게 막대기를 물리다.

심화 학습 자주 출제되는 사동·피동형

· 헤매이다(X) / 헤매다(O)   · 목메이다(X) / 목메다(O)   · 설레이다(X) / 설레다(O)   · 배이다(X) / 배다(O)

· 붙박히다(X) / 붙박이다(O)   · 개다(X) / 개다(O)   · 되뇌이다(X) / 되뇌다(O)

→ 의미상 불필요한 경우에 사동·피동 표현을 남발하지 않는다.

📑 기출 문제 풀이로 핵심 포인트

다음 중 맞으면 O, 틀리면 X 표시하시오.

01. '오후에 나와 같이 산책하세'와 '어느덧 벚꽃이 다 지는구려'는 상대 높임법의 등급이 같다.

02. '시장님, 저에게 여쭤 보셨던 내용을 검토했습니다'는 높임 표현의 쓰임이 적절하다.

03. '주민 여러분께서는 잠시만 제 이야기에 귀를 기울여 주시기 바랍니다'는 대화의 상대, 서술어의 주체, 서술어의 객체를 모두 높인 표현이다.

04. '소영의 양손에 무거운 보따리가 들려 있다'는 사동 표현이 있다.

05. '돌아오는 길에 병원에 들러 아이를 입원시켰다'는 적절한 사동 표현이다.

06. '동생이 버스 안에서 발을 밟혔다'는 목적어가 나타나기 때문에 사동문이다.

정답 **01** X ('산책하세'는 '하게체'이고 '지는구려'는 '하오체'이므로 두 상대 높임법의 등급은 다르다) **02** X ('여쭙다'는 객체 높임의 특수 어휘이기 때문에 잘못된 높임 표현이다) **03** X (서술어의 객체를 높이고 있지는 않다) **04** X (의미상 '보따리가 들려져 있는 것'이기 때문에 피동 표현이 사용된 것이다) **05** O **06** X (피동문에 목적어가 나타나는 경우도 있기 때문에 의미상 파악해야 한다. 의미상 '발을 밟히어진 것'이기 때문에 피동문이다.)

[01-02] 다음 글을 읽고 물음에 답하시오.

> 화자가 어떤 대상에 대하여 높임의 태도를 나타내는 문법 기능을 높임법이라 한다. 높임법은 높임이나 낮춤의 대상이 누구냐에 따라 주체 높임법, 객체 높임법, 상대 높임법으로 나누어진다.
>
> 주체 높임법은 화자가 문장의 주어인 서술의 주체에 대하여 높임의 태도를 나타내는 방법이다. 현대 국어에서는 선어말 어미 '-시-'를 통해 높임이 실현되는 것이 가장 일반적인 형태이지만, '주무시다, 계시다'와 같은 특수한 어휘나 조사 '께서'에 의해 주체 높임법이 실현되기도 한다.
>
> 객체 높임법은 문장의 목적어나 부사어가 지시하는 대상, 곧 서술의 객체에 대하여 높임의 태도를 나타내는 방법이다. 현대 국어에서는 '드리다, 모시다, 여쭙다'와 같은 특수한 어휘나 조사 '께' 등을 통해 실현된다.
>
> 상대 높임법은 화자가 청자인 상대방에 대하여 높이거나 낮추어 말하는 법을 일컫는다. 현대 국어에서 상대 높임법은 종결 표현에 의해 실현된다.

01 윗글을 바탕으로 <보기>의 높임 표현을 바르게 분석한 것은?

> <보기>
> 영희야, 아버지께서는 할머니를 모시고 먼저 나가셨어.

	주체 높임	객체 높임	상대 높임
①	○	○	높임
②	○	○	낮춤
③	×	○	낮춤
④	×	×	높임

01

정답분석
② 주격 조사 '께서'와 선어말 어미 '-시-'를 통해 주체 높임이 실현되고 있으며, 높임의 특수 어휘 '모시다'를 통해 객체 높임이 실현되고 있다. 또한 종결 어미 '-어'를 통해 화자가 청자인 상대방에 대해 낮추어 말하는 상대 높임이 실현되고 있다.

02 윗글과 <보기 1>을 바탕으로 <보기 2>에서 사용된 높임의 양상을 바르게 분석한 것은?

<보기 1>

　주체 높임에는 서술의 주체를 직접 높이는 직접 높임과, 높여야 할 대상의 신체 부분, 개인적 소유물 등을 높임으로써 해당 인물을 높이는 간접 높임이 있다.

<보기 2>

아버지는 허리가 아프셔서 한영이가 아버지 대신 할아버지를 뵙고 왔습니다.

	주체 높임		객체 높임	상대 높임
	직접 높임	간접 높임		
①	×	○	○	높임
②	×	○	○	낮춤
③	○	×	×	높임
④	○	×	×	낮춤

02

정답분석

① 선어말 어미 '-시-'를 통해 주체 높임이 실현되고 있는데, 높여야 할 대상인 아버지의 신체 부분인 허리를 높이고 있으므로 간접 높임이 실현되고 있는 것이다. 또한 높임의 특수 어휘인 '뵙다'를 통해 객체 높임이 실현되고 있으며, 종결 어미 '-ㅂ니다'를 통해 화자가 청자인 상대방에 대해 높여 말하는 상대 높임이 실현되고 있음을 알 수 있다.

피동 표현은 주제가 남에 의해 어떤 동작을 당하는 것을 나타낸 표현이다. 예를 들어, '토끼가 호랑이에게 잡혔다.' 라는 문장은 주체가 스스로 한 행동이 아니라 남에 의해 '잡는' 동작을 당하는 것을 표현하고 있으므로 피동표현이다. 능동문을 피동문으로 바꿀 때에는 능동문의 주어와 목적어를 각각 피동문의 부사어와 주어로 바꾸고, 능동문의 서술어에 알맞은 피동 접사 '-이-', '-히-', '-리-', '-기-', '-되다', '-당하다'나 '-어지다'를 붙여 피동문의 서술어로 만든다. 피동문을 쓸 때에는 지나친 피동표현이 되지 않도록 유의해야 한다.

<보기>
ㄱ. 마을이 폭풍에 휩쓸리다.
ㄴ. 도둑이 경찰에게 잡히다.

① ㄱ의 '휩쓸리다'는 '휩쓸다'의 어근에 피동 접사가 붙은 경우이다.
② ㄱ을 능동문으로 바꾸기 위해서는 '폭풍에'를 목적어로 만들어야 한다.
③ ㄴ을 능동문으로 바꾸면 행위의 주체가 '경찰'이 된다.
④ ㄴ의 '잡히다'를 잡혀지다'로 바꾸면 지나친 피동 표현이 된다.

03

정답분석
② ㄱ을 능동문으로 바꾸면, '폭풍이 마을을 휩쓸다.'가 된다. 피동문의 부사어 '폭풍에'는 능동문에서 주어 '폭풍이'가 된다.

오답해설
③ ㄴ을 능동문으로 바꾸면 '경찰이'가 주어가 되면서 행위의 주체가 된다.
④ '잡혀지다'는 '잡- + -히- + -어지다'로 분석되므로 지나친 피동 표현이다.

04 다음 글에 나타난 '사동 표현'에 대한 설명으로 적절하지 않은 것은?

2012년 9월 고1 학력평가

어떤 동작이나 행위를 자기 스스로 행하는 것을 주동(主動)이라 하고, 주어가 남에게 어떤 동작을 하도록 시키는 것을 사동(使動)이라 한다. 파생적 사동문은 주동문의 서술어로 쓰인 용언의 어간을 어근으로 삼아 사동 접미사 '-이-', '-히-', '-리-', '-기-', '-우-', '-구-', '-추-', '-시키다'가 붙어 이루어진 문장이며, 통사적 사동문은 주동문의 서술어로 쓰인 용언의 어간에 '-게 하다'가 붙어서 이루어진 문장이다.

- 주동문(S_0): 아이가 옷을 입었다.
- 사동문(S_1): 어머니께서 아이에게 옷을 입히셨다.
  (S_2): 어머니께서 아이에게 옷을 입게 하셨다.

① S_0과 S_2에서 '옷을 입는' 행동을 하는 주체는 동일하다.

② S_0을 S_1이나 S_2로 바꿀 때에는 S_0의 주어가 S_1, S_2에서 부사어로 쓰인다.

③ S_0에 없던 주어 '어머니'가 S_1, S_2에 나타난 것은 사동 표현이 행위를 시키는 주체에 초점을 두기 때문이다.

④ S_2의 경우, 어머니가 직접 아이에게 옷을 입혔을 수도, 아이에게 옷을 입도록 지시만 했을 수도 있는 중의성이 생긴다.

PART 1 이론 문법

해커스공무원 황진선 이해쏙쏙 국어 문법 필기노트

04

정답분석
④ 사동문 S_2는 어머니가 직접 아이에게 옷을 입혔다는 의미를 나타내지 않는다. 사동문 S_1이 중의성이 있다. 따라서 정답은 ④번이다.

11 단어의 의미

의미의 종류

중심적 의미와 주변적 의미

중심적 의미	단어가 지닌 여러 의미 중에서 기본적이고도 핵심적인 의미를 말하며, '사전적 의미'라고도 한다. 예 손을 물로 씻어라. (사람의 팔목 아랫부분)
주변적 의미	단어의 중심 의미가 확장되어 달라진 의미를 말하며, '문맥적 의미'라고도 한다. 예 • 손이 모자란다. (노동력)　　　• 그와 손을 끊겠다. (관계)

사전적 의미와 함축적 의미

사전적 의미	어떤 단어가 지니고 있는 가장 기본적이고 객관적인 의미 예 눈: 대기 중의 수증기가 차가운 기운을 만나 얼어서 땅 위로 떨어지는 얼음 결정체
함축적 의미	사전적 의미에 덧붙어서 연상이나 관습 등에 의하여 형성되는 의미 예 눈: 깨끗하다, 순수하다, 희다, 차갑다

동음이의어, 다의어

1. 동음이의어: 두 개 이상의 단어가 서로 소리는 같으나 그 의미가 다른 관계에 있는 단어

- 우연히 소리가 같을 뿐, 소리에 담겨 있는 의미들은 서로 관련이 없다.
- 문맥과 상황에 따라 의미를 구별할 수 있다.
- 사전에 실릴 때에는 별개의 단어로 실린다.

심화 학습　동음이의어의 예시

- **배**
  배[1] : (척추 동물의) 위장 따위가 들어 있는 가슴과 골반 사이의 부분
  배[2] : 물 위에 떠다니며 사람이나 짐 따위를 실어 나르게 만든 탈것
  배[3] : 배나무의 열매

- **타다**
  타다[1] : 불씨나 높은 열로 불이 붙어 번지거나 불꽃이 일어나다.
  타다[2] : 탈것이나 짐승의 등 따위에 몸을 얹다.
  타다[3] : 다량의 액체에 소량의 액체나 가루 따위를 넣어 섞다.
  타다[4] : 몫으로 주는 돈이나 물건 따위를 받다.

---

2. 다의어: 하나의 단어가 두 가지 이상의 관련된 의미로 쓰이는 관계에 있는 단어

- 주변 의미로 인해 의미가 많아진 것이며, 의미들 사이에 서로 관련이 있다.
- 문맥이나 상황을 고려하여 의미를 파악하는 것이 좋다.
- 사전에서 한 단어 밑에 「1」, 「2」, 「3」 등으로 나타나며, 하나의 단어로 취급한다.

심화 학습 다의어의 예시

- **타다¹**
  「1」불씨나 높은 열로 불이 붙어 번지거나 불꽃이 일어나다. [예] 벽난로에서 장작이 활활 타고 있었다.
  「2」피부가 햇볕을 오래 쬐어 검은색으로 변하다. [예] 땡볕에 얼굴이 새까맣게 탔다.
  「3」뜨거운 열을 받아 검은색으로 변할 정도로 지나치게 익다. [예] 고기가 타다.
  「4」마음이 몹시 달다. [예] 애간장이 타다.
  「5」물기가 없어 바싹 마르다. [예] 긴장이 되어 입술이 바짝바짝 탄다.

- **타다²**
  「1」탈것이나 짐승의 등 따위에 몸을 얹다. [예] 비행기에 타다.
  「2」도로, 줄, 산, 나무, 바위 따위를 밟고 오르거나 그것을 따라 지나가다. [예] 원숭이는 나무를 잘 탄다.
  「3」어떤 조건이나 시간, 기회 등을 이용하다. [예] 아이들은 야밤을 타 닭서리를 했다.
  「4」바람이나 물결, 전파 따위에 실려 퍼지다. [예] 연이 바람을 타고 하늘로 올라간다.
  「5」바닥이 미끄러운 곳에서 어떤 기구를 이용하여 달리다. [예] 썰매를 타려면 꼭 장갑을 끼어야 한다.
  「6」그네나 시소 따위의 놀이 기구에 몸을 싣고 앞뒤로, 위아래로 또는 원을 그리며 움직이다. [예] 그네를 타다.
  「7」의거하는 계통, 질서나 선을 밟다. [예] 연줄을 타다.

진선쌤 TIP

동음이의어와 다의어는 의미의 유사성에 따라 구별해야 한다.
두 단어 사이에 공통된 의미가 없다면 동음이의어, 있다면 다의어이다.

단어 간의 의미 관계

1. 반의 관계: 둘 이상의 단어가 서로 짝을 이루어 대립하는 관계

상보 반의어 (모순 관계)	중간 항이 없는 반의 관계 [예] 있다 ↔ 없다 / 남 ↔ 여 / 참 ↔ 거짓 / 합격 ↔ 불합격 → 한쪽 단어의 긍정과 다른 쪽 단어의 부정이 같은 의미를 가진다. → 두 단어를 동시에 긍정하거나 부정하면 모순이 발생한다.
정도 반의어 (반대 관계)	중간 항이 있는 반의 관계 [예] 뜨겁다 ↔ 차갑다 / 길다 ↔ 짧다 / 쉽다 ↔ 어렵다 / 덥다 ↔ 춥다 → 한쪽 단어의 긍정과 다른 쪽 단어의 부정 사이에 일방적인 포함 관계가 존재한다. → 두 단어를 동시에 부정할 수 있다.
방향 반의어 (대칭 관계)	맞선 방향을 전제로 하여 관계나 이동의 측면에서 대립을 이루는 반의 관계 [예] 가다 ↔ 오다 / 남편 ↔ 아내 / 부모 ↔ 자식 / 입다 ↔ 벗다 / 시작 ↔ 끝

2. 유의 관계: 둘 이상의 단어가 말소리는 다르지만 의미가 서로 비슷한 관계

→ 의미가 똑같지는 않으므로 서로 대치할 수는 없다.

  [예] 낯 - 얼굴, 가난하다 - 빈곤하다, 가끔 - 더러

3. 상하 관계: 한쪽이 의미상 다른 쪽을 포함하거나 다른 쪽에 포함되는 의미 관계

→ 상위어는 다른 단어의 의미를 포함하는 단어, 하위어는 다른 단어의 의미에 포함되는 단어

예 • 물고기(상위어) > 붕어, 가물치(하위어)　　　　　• 계절(상위어) > 봄, 여름, 가을, 겨울(하위어)
　• 무지개(상위어) > 빨강, 파랑, 초록(하위어)

4. 부분 관계: 한 단어의 지시 대상이 다른 단어의 지시 대상의 일부분인 관계

예 손가락 - 손, 코 - 얼굴, 자판 - 노트북 컴퓨터

**문장의
중의성**

→ 한 문장이 두 가지 이
상의 의미를 나타내는
특성

01. 내가 좋아하는 친구의 여동생을 만났다.

　1) 내가 친구의 여동생을 좋아하는데, 그녀를 만났다.

　2) 내가 좋아하는 친구가 있는데 그 친구의 여동생을 만났다.

　→ 수식 범위에 따른 중의성

02. 철수가 보고 싶은 친구들이 많다.

　1) 철수는 보고 싶은 친구들이 많다.

　2) 철수를 보고 싶어하는 친구들이 많다.

　→ 주어와 목적어 범위에 따른 중의성

03. 이번 시험에서 몇 문제 풀지 못했다.

　1) 이번 시험에서 몇 문제밖에 풀지 못했다.

　2) 이번 시험에서 몇 문제를 풀지 못했다.

　→ 부정의 범위에 따른 중의성

04. 당시 그는 외투를 입고 있었다.

　1) 당시 그는 외투를 입는 중이었다.

　2) 당시 그는 외투를 착용한 상태였다.

　→ 동작의 진행과 완료에 따른 중의성

의미의 변화

1. 의미 확대(의미의 일반화): 어떤 단위의 의미 범주가 넓어지는 것

예
- 다리: 생물의 다리 → 생물 + 무생물의 다리
- 선생: 교육자 → 교육자 + 존경받을 만한 사람
- 지갑: 종이로 만든 것 → 종이, 가죽, 비닐로 만든 것
- 겨레: 친척, 종친 → 민족, 동족
- 영감: 당상관 이상 신분의 호칭 → 남성 노인
- 세수: 손을 씻다 → 손이나 얼굴을 씻다

2. 의미 축소(의미의 특수화): 어떤 단어의 의미 범주가 축소되는 것

예
- 계집: 일반적인 여성 → 여성의 낮춤말
- 얼굴: 형체 → 안면
- 놈: 사람 전체, 사람의 평칭 → 남자의 낮춤말, 남자의 비칭
- 뫼(메): 밥, 진지 → 제사 때의 밥만 의미
- 미인: 남자와 여자에게 다 씀 → 예쁜 여인에게만 씀
- 중생: 생물 일체 → 인간

3. 의미 이동(의미의 전성): 어떤 단어의 의미 자체가 달라지는 것

예
- 어리다: 어리석다 → 나이가 적다
- 방송: 죄인을 풀어 주다 → 전파를 내보내다
- 어엿브다: 불쌍하다 → 예쁘다
- 감투: 벼슬아치가 머리에 쓰는 모자 → 벼슬
- 에누리: 값을 더 얹어서 부르는 일 → 값을 깎는 일
- 인정: 뇌물 → 사람 사이의 정
- 내외: 안과 팎 → 부부

기출 문제 풀이로 핵심 포인트

다음 중 맞으면 O, 틀리면 X 표시하시오.

01. 식당에서 여성 종업원을 '이모'라고 부르는 것은 기존 어휘의 의미가 확대된 것이다.

02. '오다:가다'는 '이동'이라는 공통 요소와 '방향'의 대조적 요소가 있어서 반의 관계를 이룬다.

03. '자동차를 타고 간다'와 '그는 야밤을 타서 먼 곳을 갔다'의 '타다'는 다의 관계이다.

정답 01 ○ 02 ○ 03 ○

01 <보기>를 바탕으로 단어의 의미를 이해할 때, 밑줄 친 부분이 ㉠과 ㉡의 예로 바르게 짝지어진 것은?

2021년 6월 고1 학력평가

> **<보기>**
>
> 다의어는 두 가지 이상의 뜻을 가진 단어를 가리킨다. 다의어는 단어가 원래 뜻하는 ㉠ 중심적 의미와 중심적 의미에서 파생된 ㉡ 주변적 의미를 갖는다. '날아가는 새를 보다'에서 '보다'는 '눈으로 대상의 존재, 형태를 알다'라는 중심적 의미로 사용되었다. 그러나 '의사가 환자를 보다'에서 '보다'는 '진찰하다'라는 주변적 의미로 사용되었다.

	㉠	㉡
①	창문을 <u>열어</u> 환기를 하다.	회의를 <u>열어</u> 그를 회장으로 추천하다.
②	마음을 굳게 <u>먹고</u> 열심히 연습했다.	국이 매워서 많이 <u>먹지</u> 못했다.
③	미리 숙소를 <u>잡고</u> 여행지로 출발했다.	오디션에 참가할 기회를 <u>잡았다</u>.
④	그는 이번 인사 발령으로 총무과에 <u>갔다</u>.	그는 아침 일찍 일터로 <u>갔다</u>.

01

정답분석
① ㉠의 '열어'는 '닫히거나 잠긴 것을 트거나 벗기다'라는 중심적 의미로, ㉡의 '열어'는 '모임이나 회의 따위를 시작하다'라는 주변적 의미로 사용되었다.

오답해설
② ㉠의 '먹고'는 '어떤 마음이나 감정을 품다'라는 주변적 의미로, ㉡의 '먹지'는 '음식을 입을 통해 배 속에 들여보내다'라는 중심적 의미로 사용되었다.
③ ㉠의 '잡고'는 '사람이 시간이나 장소, 방향 따위를 골라 정하거나 차지하다'라는 주변적 의미로, ㉡의 '잡았다'는 '일, 기회 따위를 얻다'라는 주변적 의미로 사용되었다.
④ ㉠의 '갔다'는 '직책이나 자리를 옮기다'라는 주변적 의미로, ㉡의 '갔다'는 '한 곳에서 다른 곳으로 장소를 이동하다'라는 중심적 의미로 사용되었다.

02 다음 글을 바탕으로 <보기>를 탐구한 내용으로 적절하지 않은 것은?

2023년 9월 고1 학력평가

> 하나의 단어가 두 가지 이상의 여러 의미를 가질 때 그 의미들 사이의 관계를 다의 관계라고 하고, 서로 관련된 여러 의미를 가지고 있는 단어를 다의어라고 한다. 다의어는 국어사전에 하나의 표제어로 등재되며, 하나의 중심적 의미와 중심적 의미에서 분화된 여러 개의 주변적 의미를 가진다.
>
> 반면 소리는 같지만 의미가 서로 다른 단어의 관계를 동음이의 관계라고 하고, 이러한 관계에 있는 단어들을 동음이의어라고 한다. 동음이의어는 단어들의 소리만 우연히 같을 뿐, 서로 의미적 연관성이 없기 때문에 별개의 단어이다. 따라서 사전에도 별개의 표제어로 등재된다.

<보기>

- 바르다¹ 동 […을 …에] […을 …으로]
  - 1 풀칠한 종이나 헝겊 따위를 다른 물건의 표면에 고루 붙이다.
    - 예 아이들 방을 예쁜 벽지로 발랐다.
  - 2 차지게 이긴 흙 따위를 다른 물체의 표면에 고르게 덧붙이다.
    - 예 흙을 벽에 바르다.

- 바르다² 형
  - 1 겉으로 보기에 비뚤어지거나 굽은 데가 없다.
    - 예 길이 바르다.
  - 2 말이나 행동 따위가 사회적인 규범이나 사리에 어긋나지 아니하고 들어맞다.
    - 예 그는 인사성이 바른 사람이다.

---

① '바르다¹'과 '바르다²'는 사전에 각각 다른 표제어로 등재되는 동음이의어이다.

② '바르다¹'은 '바르다²'와 달리 주어 이외의 다른 문장 성분을 필요로 한다.

③ '바르다¹'은 동작이나 작용을 나타내는 말이고, '바르다²'는 성질이나 상태를 나타내는 말이다.

④ '바르다² 1'의 예로 '마음가짐이 바르다.'를 추가할 수 있다.

02

정답분석

④ '마음가짐이 바르다.'는 '바르다² 2'의 용례에 해당하므로 적절하지 않다.

오답해설

① '바르다¹'과 '바르다²'는 소리는 같지만 의미가 서로 다른 단어로, 사전에 각각 다른 표제어로 등재되는 동음이의어이다.

② '바르다¹'의 '[…을 …에][…을 …으로]'를 보면, '바르다¹'은 주어 이외에 목적어와 부사어가 반드시 필요하다는 점을 알 수 있다. 하지만 '바르다²'는 주어만 필요로 한다.

③ '바르다¹'의 품사는 동사이고, '바르다²'의 품사는 형용사이다.

언어는 사회적 약속이기 때문에 개인이 함부로 바꿀 수 없다. 하지만 언어는 본질적으로 고정된 것이 아니기 때문에 살아있는 유기체처럼 변화 과정을 거친다. 언어의 변화 원인에는 언어적 원인, 역사적 원인, 사회적 원인, 심리적 원인 등이 있다. 이로 인해 단어의 의미 변화가 일어난다.

단어의 의미 변화는 대략 세 유형으로 나뉜다. '뫼(메)'는 '밥' 또는 '진지'를 뜻하였으나 오늘날에는 제사 때 신위 앞에 올리는 진지로 국한해서 쓰이고 있다. '지갑'은 원래 종이로 만든 것에만 사용하였지만 지금은 가죽이나 헝겊 따위로 만든 것도 모두 포함해서 사용한다. '어여쁘다'는 본래 '불쌍하다'라는 뜻이었으나 지금은 '아름답다'로 그 뜻이 바뀌었다.

① '지갑'의 의미가 변화한 것은 언어적 원인이 아니라 사회적 원인 때문이다.

② '얼굴'은 '형체'를 뜻하였으나 '안면'만을 가리키는 것으로 바뀐 것은 '지갑'의 의미 변화 유형과 같다.

③ '인정'은 '뇌물'을 뜻하였으나 '사람의 감정'을 뜻하는 것으로 바뀐 것은 '어여쁘다'의 의미 변화 유형과 같다.

④ '다리'는 원래 사람이나 동물의 신체 일부를 지시하였으나 무생물에도 사용하게 된 것은 '뫼(메)'의 의미 변화 유형과 같다.

03

정답분석

③ '인정'이 '뇌물'을 뜻하다가 '사람의 감정'을 뜻하는 것으로 바뀐 것은 언어의 뜻이 아예 변화한 유형에 해당하는데, '어여쁘다' 역시 '불쌍하다'라는 본래의 뜻에서 '아름답다'로 그 뜻이 변화한 유형으로 두 단어는 의미 변화 유형이 같다.

오답해설

① '지갑'의 의미가 변화한 원인은 알 수 없다.

② '얼굴'이 '형체'를 뜻하였으나 '안면'만을 가리키는 것으로 의미가 축소된 반면, '지갑'은 '원래 종이로 만든 것'에만 사용하였으나 지금은 '가죽이나 헝겊 따위로 만든 것'도 모두 포함하므로 의미가 확대되었다.

④ '다리'는 원래 '사람이나 동물의 신체 일부'를 지시하였으나 '무생물'에도 사용하게 된 것으로 언어의 의미가 확대된 반면, '뫼(메)'는 원래 '밥' 또는 '진지'를 뜻하였으나 오늘날에는 '제사 때 신위 앞에 올리는 진지'로 국한해서 쓰므로 언어의 의미가 축소된 것이다.

PART 2
국어 규범

01 한글 맞춤법

총칙

제1항 한글 맞춤법은 표준어를 소리대로 적되, 어법에 맞도록 함을 원칙으로 한다.

소리대로 적되, (표음주의)	무덤, 시월(十月), 여자(女子)
어법에 맞도록 한다. (표의주의)	꽃이[꼬치], 꽃만[꼰만], 꽃과[꼳꽈] → '꽃'

제2항 문장의 각 단어는 띄어 씀을 원칙으로 한다.

제3항 외래어는 '외래어 표기법'에 따라 적는다.

자모

제4항 한글 자모의 수는 스물넉 자로 하고, 그 순서와 이름은 다음과 같이 정한다.

ㄱ	ㄴ	ㄷ	ㄹ	ㅁ	ㅂ
기역	니은	디귿	리을	미음	비읍
ㅅ	ㅇ	ㅈ	ㅊ	ㅋ	ㅌ
시옷	이응	지읒	치읓	키읔	티읕
ㅍ	ㅎ	ㅏ	ㅑ	ㅓ	ㅕ
피읖	히읗	아	야	어	여
ㅗ	ㅛ	ㅜ	ㅠ	ㅡ	ㅣ
오	요	우	유	으	이

[붙임] 위의 자모로써 적을 수 없는 소리는 두 개 이상의 자모를 어울러서 적되, 그 순서와 이름은 다음과 같이 정한다.

ㄲ	ㄸ	ㅃ	ㅆ	ㅉ	
쌍기역	쌍디귿	쌍비읍	쌍시옷	쌍지읒	
ㅐ	ㅒ	ㅔ	ㅖ	ㅘ	ㅙ
애	얘	에	예	와	왜
ㅚ	ㅝ	ㅞ	ㅟ	ㅢ	
외	워	웨	위	의	

[붙임] 사전에 올릴 적의 자모 순서는 다음과 같이 정한다.

자음	ㄱ, ㄲ, ㄴ, ㄷ, ㄸ, ㄹ, ㅁ, ㅂ, ㅃ, ㅅ, ㅆ, ㅇ, ㅈ, ㅉ, ㅊ, ㅋ, ㅌ, ㅍ, ㅎ
모음	ㅏ, ㅐ, ㅑ, ㅒ, ㅓ, ㅔ, ㅕ, ㅖ, ㅗ, ㅘ, ㅙ, ㅚ, ㅛ, ㅜ, ㅝ, ㅞ, ㅟ, ㅠ, ㅡ, ㅢ, ㅣ
받침 글자	ㄱ, ㄲ, ㄳ, ㄴ, ㄵ, ㄶ, ㄷ, ㄹ, ㄺ, ㄻ, ㄼ, ㄽ, ㄾ, ㄿ, ㅀ, ㅁ, ㅂ, ㅄ, ㅅ, ㅆ, ㅇ, ㅈ, ㅊ, ㅋ, ㅌ, ㅍ, ㅎ

소리에 관한 것

1. 된소리

제5항 한 단어 안에서 뚜렷한 까닭 없이 나는 된소리는 다음 음절의 첫소리를 된소리로 적는다.

1) 두 모음 사이에서 나는 된소리

예 소쩍새, 어깨, 오빠, 으뜸, 아끼다, 기쁘다, 깨끗하다, 어떠하다, 가끔, 거꾸로, 부썩, 어찌, 이따금, 해쓱하다

2) 'ㄴ, ㄹ, ㅁ, ㅇ' 받침 뒤에서 나는 된소리

예 산뜻하다, 잔뜩, 살짝, 훨씬, 담뿍*, 움찔, 몽땅, 엉뚱하다, 건뜻*, 번쩍, 딸꾹, 절뚝거리다, 듬뿍, 함빡*, 껑뚱하다*, 뭉뚱그리다

*담뿍: 넘칠 정도로 가득하거나 소복한 모양
*함빡: 분량이 차고도 남도록 넉넉하게
*건뜻: 일 따위를 빠르게 대강 하는 모양
*껑뚱하다: 입은 옷이, 아랫도리나 속옷이 드러날 정도로 매우 짧다.

[다만] 'ㄱ, ㅂ' 받침 뒤에서 나는 된소리는, 같은 음절이나 비슷한 음절이 겹쳐 나는 경우가 아니면 된소리로 적지 아니한다.

예 국수, 깍두기, 딱지, 색시, 싹둑, 법석, 갑자기, 몹시, 늑대, 낙지, 접시, 갑자기

2. 구개음화

제6항 'ㄷ, ㅌ' 받침 뒤에 종속적 관계를 가진 '-이(-)'나 '-히-'가 올 적에는 그 'ㄷ, ㅌ'이 'ㅈ, ㅊ'으로 소리 나더라도 'ㄷ, ㅌ'으로 적는다.

예 맏이, 해돋이, 굳이, 같이, 끝이, 밭이, 핥이다, 붙이다, 걷히다, 닫히다, 묻히다, 굳히다

3. 'ㄷ' 소리 받침

제7항 'ㄷ' 소리로 나는 받침 중에서 'ㄷ'으로 적을 근거가 없는 것은 'ㅅ'으로 적는다.

예 덧저고리, 돗자리, 엇셈*, 웃어른, 핫옷*, 무릇, 낫, 사뭇, 얼핏, 자칫하면, 뭇*, 옛, 첫, 헛

*엇셈: 서로 주고받을 것을 비겨 없애는 셈   *핫옷: 안에 솜을 두어 만든 옷
*뭇: 수효가 매우 많은

> 'ㄷ'으로 적을 근거가 있는 것
> ┌ 본디 'ㄷ' 받침을 가지고 있는 것   예 맏이, 낟알
> └ 'ㄹ' 받침이 'ㄷ' 받침으로 바뀐 것   예 반짇고리, 사흗날, 숟가락

→ 제7항과 사이시옷을 구별해야 한다. ★

4. 모음

제8항 '계, 례, 몌, 폐, 혜'의 'ㅖ'는 'ㅔ'로 소리 나는 경우가 있더라도 'ㅖ'로 적는다.

예 계수*, 혜택, 사례, 계집, 연몌*, 핑계, 폐품, 계시다

*계수: 계수나무   *연몌: 나란히 서서 함께 가거나 옴

[다만] 다음 말은 본음대로 적는다.

예 게송(偈頌)*, 게시판(揭示板), 휴게실(休憩室)

*게송: 부처의 공덕이나 가르침을 찬탄하는 노래

제9항 '의'나, 자음을 첫소리로 가지고 있는 음절의 'ㅢ'는 'ㅣ'로 소리 나는 경우가 있더라도 'ㅢ'로 적는다.

예 의의, 본의, 무늬, 보늬*, 오늬*, 하늬바람, 늴리리, 닁큼, 띄어쓰기, 씌어, 틔어, 희망, 희다, 유희

*보늬: 밤이나 도토리 따위의 속껍질   *오늬: 화살의 머리를 활시위에 끼도록 에어 낸 부분

5. 두음 법칙

제10항 한자음 '녀, 뇨, 뉴, 니'가 단어 첫머리에 올 적에는 '여, 요, 유, 이'로 적는다.

예 여자(女子), 연세(年歲), 요소(尿素), 유대(紐帶), 이승(尼僧), 이토(泥土)*, 이공(泥工)*, 익명(匿名)

*이토(泥土): 진흙   *이공(泥工): 미장이

제11항 한자음 '랴, 려, 례, 료, 류, 리'가 단어 첫머리에 올 적에는 '야, 여, 예, 요, 유, 이'로 적는다.

예 양심(良心), 역사(歷史), 예의(禮義), 용궁(龍宮), 유행(流行), 이발(理髮)

제12항 한자음 '라, 래, 로, 뢰, 루, 르'가 단어 첫머리에 올 적에는 '나, 내, 노, 뇌, 누, 느'로 적는다.

예 낙원(樂園), 뇌성(雷聲), 내일(來日), 누각(樓閣), 노인(老人), 능묘(陵墓)

[다만] 다음과 같은 의존 명사에서는 두음 법칙이 적용되지 않는다.

예 • 냥(兩): 돈 천 냥을 꾸다. / 년(年): 고향을 떠난 지 일 년이 넘었다.
　　• 리(里): 몇 리냐? / 리(理): 그럴 리가 없다.

[붙임] 단어의 첫머리 이외의 경우에는 본음대로 적는다.

예 남녀(男女), 결뉴(結紐)*, 탐닉(耽溺), 개량(改良), 협력(協力), 쾌락(快樂), 광한루(廣寒樓), 연로(年老)

*결뉴(結紐): 1. 끈을 맴. 또는 얽어 맺음 2. 서약을 함

[붙임] 접두사처럼 쓰이는 한자가 붙어서 된 말이나 합성어에서는 뒷말을 두음 법칙에 따라 적는다.

예 신여성(新女性), 공염불(空念佛), 남존여비(男尊女卑), 역이용(逆利用), 연이율(年利率), 열역학(熱力學), 해외여행(海外旅行), 내내월(來來月), 상노인(上老人)*, 중노동(重勞動), 비논리적(非論理的), 반나체(半裸體), 육체노동(肉體勞動)

*상노인(上老人) : 상늙은이. 여러 노인 가운데 가장 나이가 많은 사람

[붙임] 둘 이상의 단어로 이루어진 고유 명사를 붙여 쓰거나 십진법 수도 두음 법칙에 따라 적는다.

예 한국여자대학, 대한요소비료회사, 한국여자농구연맹, 서울여관, 신흥이발관, 육천육백육십육

[붙임] 준말에서 본음으로 소리 나는 것은 본음대로 적는다.

예 국련(국제 연합), 한시련(한국 시각 장애인 연합회)

[붙임] 외자로 된 이름을 성에 붙여 쓸 경우에도 본음대로 적을 수 있다.

예 최린 → 최인(원칙) / 최린(허용), 채륜 → 채윤(원칙) / 채륜(허용)

심화 학습

- **렬, 률 vs 열, 율**: 모음이나 'ㄴ' 받침 뒤에 이어지는 '렬, 률'은 '열, 율'로 적는다.
  예 실패율, 백분율, 출석률, 합격률
- **란 vs 난**: 고유어, 외래어 뒤에서는 '난', 한자어 뒤에서는 '란'으로 적는다.
  예 어머니난, 어린이난, 가십난, 가정(家庭)란, 독자(讀者)란
- **량 vs 양**: 고유어, 외래어 뒤에서는 '양', 한자어 뒤에서는 '량'으로 적는다.
  예 구름양, 칼로리양, 흡입(吸入)량, 작업(作業)량

---

6. 겹쳐 나는 소리

제13항 한 단어 안에서 같은 음절이나 비슷한 음절이 겹쳐 나는 부분은 같은 글자로 적는다.

예 • 딱딱, 쌕쌕, 싹싹, 뚝딱뚝딱, 쓱싹쓱싹, 꼿꼿하다, 놀놀하다, 눅눅하다, 밋밋하다, 싹싹하다, 쌉쌀하다, 누누이(屢屢-), 연연불망(戀戀不忘), 유유상종(類類相從)

→ 두음 법칙의 예외

• 냉랭(冷冷)하다, 낭랑(朗朗)하다, 녹록(碌碌)하다, 늠름(凜凜)하다, 연년(年年)생, 염념(念念)불망

→ 한자어의 경우 이 조항이 다르게 적용된다.

형태에 관한 것

1. 체언과 조사

제14항 체언은 조사와 구별하여 적는다.

> 예 꽃이, 꽃을, 꽃에, 꽃도, 꽃만

2. 어간과 어미

제15항 용언의 어간과 어미는 구별하여 적는다.

> 예 먹다, 먹고, 먹어, 먹으니

[붙임] 두 개의 용언이 어울려 한 개의 용언이 될 적에, 앞말의 본뜻이 유지되고 있는 것은 그 원형을 밝히어 적고, 그 본뜻에서 멀어진 것은 밝히어 적지 아니한다.

1) 앞말의 본뜻이 유지되고 있는 것

> 예 넘어지다, 늘어나다, 돌아가다, 벌어지다, 엎어지다, 접어들다

2) 본뜻에서 멀어진 것

> 예 드러나다, 쓰러지다, 부서지다, 사라지다, 불거지다, 부러지다

[붙임] 종결형에서 사용되는 어미 '-오'는 '요'로 소리 나는 경우가 있더라도 '오'로 적는다. 연결형에서 사용되는 '이요'는 '이요'로 적는다.

> 예 • 이것은 책이오. / 이것은 책이 아니오. / 이리로 오시오.
> • 이것은 책이요, 저것은 붓이요, 또 저것은 먹이다.
> → '네, 예'의 반대어로 묻는 말에 부정하여 답할 때는 감탄사 '아니요'를 쓴다.

제16항 어간의 끝음절 모음이 'ㅏ, ㅗ'일 때에는 어미를 '-아'로 적고, 그 밖의 모음일 때에는 '-어'로 적는다.

1) '-아'로 적는 경우

> 예 나아, 막아, 돌아, 보아

2) '-어'로 적는 경우

> 예 개어, 겪어, 되어, 베어, 쉬어, 저어, 주어, 피어, 희어

제17항 어미 뒤에 덧붙는 조사 '요'는 '요'로 적는다.

> 예 읽어 - 읽어요 / 참으리 - 참으리요 / 좋지 - 좋지요

제18항 다음과 같은 용언들은 어미가 바뀔 경우, 그 어간이나 어미가 원칙에 벗어나면 벗어나는 대로 적는다.

1) 어간의 끝 'ㄹ'이 줄어들 적

> 예 놀다 - 노니 - 논 - 놉니다 - 노시다 - 노오
>
> [붙임] 다음 말에서도 'ㄹ'이 준 대로 적는다.
> > 예 마지못하다, 마지않다, 하다마다, 하자마자, 하지 마라 / 말아라 ★

2) 어간의 끝 'ㅡ'가 줄어들 적

> 예 크다 - 커 - 컸다

★ '말다'에 명령형 어미 '-아', '-아라' 등이 결합할 때는 어간 끝 'ㄹ'이 탈락하기도 하고 탈락하지 않기도 한다.

3) **어간의 끝 'ㅂ'이 'ㅗ, ㅜ'로 바뀔 적**

예 가깝다 - 가까워 - 가까우니 / 괴롭다 - 괴로워 - 괴로우니

[다만] '돕-', '곱-'과 같은 단음절 어간에 어미 '-아'가 결합되어 '와'로 소리 나는 것은 '-와'로 적는다.

예 돕다 - 도와 - 도왔다 / 곱다 - 고와 - 고왔다

4) **어간의 끝 'ㅅ'이 줄어들 적**

예 긋다 - 그어 - 그으니 - 그었다

5) **어간의 끝 'ㄷ'이 'ㄹ'로 바뀔 적**

예 걷다 - 걸어 - 걸으니 - 걸었다

6) **어간의 끝 'ㅜ'가 줄어들 적**

예 푸다 - 퍼 - 펐다

7) **어간의 끝 '르'가 줄어들 적** → 피동·사동에서도 적용

예 오르다 - 올라 - 올랐다 / 굴리다, 불리다

8) **'하다' + '-아'가 '-여'로 바뀔 적**

예 하다 - 하여서 - 하여도 - 하여라 - 하였다

9) **어간의 끝 '르' + '-어'가 '-러'로 바뀔 적**

예 누르다 - 누르러 - 누르렀다

10) **어간의 끝 'ㅎ'이 줄어들 적**

예 그렇다 - 그럴 - 그러면 - 그러오

어간 끝 'ㅎ'이 탈락하는 환경

'ㅎ' 불규칙 용언의 경우, 'ㄴ, ㄹ, ㅁ'으로 시작하는 어미나 모음으로 시작하는 어미 앞에서 어간의 끝소리 'ㅎ'이 탈락한다. 단, 어미 '-네'와 결합할 때는 탈락하기도 하고 탈락하지 않기도 한다.

3. 접미사가 붙어서 된 말

진선쌤 TIP

접미사가 붙어서 된 말의 표기법 원칙

① 접미사 '-이'나 '-히'가 결합한 경우 대체로 원형 밝힘
② 자음으로 시작된 접미사와 결합한 경우 대체로 원형 밝힘
③ 본뜻에서 멀어진 것은 원형을 밝히지 않음

제19항 **어간 + 접미사 '-이', '-음/-ㅁ', '-히'로 명사·부사가 된 것은 원형을 밝히어 적는다.**

예 길이, 깊이, 높이, 미닫이, 먹이, 걸음, 묶음, 믿음, 굳이, 많이, 좋이*, 익히, 밝히, 작히

*좋이: 마음에 들게

[다만] 어간에 '-이'나 '-음'이 붙어서 명사로 바뀐 것이라도 그 어간의 뜻과 멀어진 것은 원형을 밝히어 적지 아니한다.

예 굽도리*, 목거리(목병), 무녀리*, 거름(비료), 노름(도박)

*굽도리: 방 안 벽의 밑부분   *무녀리: 한 태에 낳은 여러 마리 새끼 가운데 가장 먼저 나온 새끼

[붙임] 어간 + '-이', '-음/-ㅁ' 이외의 모음으로 시작된 접미사로 다른 품사가 된 것은 원형을 밝히어 적지 아니한다.

예 귀머거리, 마중, 무덤, 주검, 마개, 너무, 도로, 거뭇거뭇, 비로소, 부터, 조차

제20항 **명사 + 접미사 '-이'로 만들어진 단어는 그 명사의 원형을 밝히어 적는다.**

예 곳곳이, 낱낱이, 집집이, 바둑이, 삼발이, 애꾸눈이, 절뚝발이

[붙임] '-이' 이외의 모음으로 시작된 접미사로 만들어진 단어는 그 명사의 원형을 밝히어 적지 아니한다.

예 끄트머리, 바가지, 바깥, 이파리, 지붕, 지푸라기

제21항 명사나 혹은 용언의 어간 뒤에 자음으로 시작된 접미사가 붙어서 된 말은 그 명사나 어간의 원형을 밝히어 적는다.

    1) 명사 + 자음으로 시작된 접미사로 만들어진 단어는 명사의 원형을 밝히어 적는다.
        예 값지다, 넋두리, 빛깔, 옆댕이, 잎사귀

    2) 어간 + 자음으로 시작된 접미사로 만들어진 단어는 어간의 원형을 밝히어 적는다.
        예 굵직하다, 굵다랗다, 깊숙하다, 늙수그레하다, 뜯적거리다

[다만] 겹받침의 끝소리가 드러나지 아니하는 것과 어원이 분명하지 아니하거나 본뜻에서 멀어진 것은 소리대로 적는다.
    예 할짝거리다, 널따랗다, 널찍하다, 말끔하다, 얄따랗다, 얄팍하다, 짤따랗다 / 넙치, 올무, 골막하다*, 납작하다
      *골막하다: 담긴 것이 가득 차지 아니하고 조금 모자란 듯하다.

제22항 어간에 다음과 같은 접미사들이 붙어서 이루어진 말들은 그 어간을 밝히어 적는다.

    1) '-이-, -히-, -리-, -기-, -우-, -구-, -추-, -으키-, -이키-, -애-'가 붙는 것
        예 쌓이다, 막히다, 울리다, 옮기다, 돋우다, 솟구다, 갖추다, 일으키다, 돌이키다, 없애다

        [다만] '-이-, -히-, -우-'가 붙어서 된 말이라도 본뜻에서 멀어진 것은 소리대로 적는다.
            예 도리다(칼로~), 드리다(용돈을~), 부치다(편지를~), 바치다(세금을~), 고치다, 거두다, 미루다, 이루다

    2) '-치-, -뜨리-, -트리-'가 붙는 것
        예 놓치다, 부딪뜨리다/부딪트리다

        [붙임] '-업-, -읍-, -브-'가 붙어서 된 말은 소리대로 적는다.
            예 미덥다, 우습다, 미쁘다

제23항 '-하다'나 '-거리다'가 붙는 어근에 '-이'가 붙어서 명사가 된 것은 원형을 밝히어 적는다.
    예 깔쭉이, 살살이, 꿀꿀이, 코납작이, 배불뚝이, 오뚝이, 삐죽이

[붙임] '-하다'나 '-거리다'가 붙을 수 없는 어근에 모음으로 시작된 접미사가 붙어 명사가 된 것은 원형을 밝히어 적지 아니한다.
    예 개구리, 귀뚜라미, 기러기, 깍두기, 꽹과리, 날라리, 뻐꾸기, 딱따구리, 매미, 부스러기

제24항 '-거리다'가 붙을 수 있는 시늉말 어근에 '-이다'가 붙어서 용언이 된 것은 그 어근을 밝히어 적는다.
    예 깜짝이다, 속삭이다, 꾸벅이다, 끄덕이다, 울먹이다, 움직이다, 뒤척이다, 허덕이다, 번쩍이다

제25항 '-하다'가 붙는 어근에 '-이'나 '-히'가 붙어서 부사가 되거나 부사에 '-이'가 붙어서 뜻을 더하는 경우에는 그 어근이나 부사의 원형을 밝히어 적는다.

    1) '-하다'가 붙는 어근에 '-히'나 '-이'가 붙는 경우
        예 급히, 꾸준히, 도저히*, 딱히, 어렴풋이, 깨끗이
      *도저하다: 학식이나 생각, 기술 따위가 아주 깊다.

        [다만] '-하다'가 붙지 않는 경우에는 소리대로 적는다.
            예 갑자기, 반드시(꼭), 슬며시

    2) 부사에 '-이'가 붙어서 역시 부사가 되는 경우
        예 곰곰이, 더욱이, 오뚝이, 일찍이

제26항 '-하다'나 '-없다'가 붙어서 된 용언은 그 '-하다'나 '-없다'를 밝히어 적는다.

예 딱하다, 숱하다, 착하다, 부질없다, 시름없다, 열없다*, 상없다*

*열없다 : 좀 겸연쩍고 부끄럽다.　　　　*상없다 : 보통의 이치에서 벗어나 막되고 상스럽다.

4. 합성어 및 접두사가 붙은 말

제27항 둘 이상의 단어가 어울리거나 접두사가 붙어서 이루어진 말은 각각 그 원형을 밝히어 적는다.

예 꽃잎, 끝장, 물난리, 부엌일, 칼날, 첫아들, 흙내, 값없다, 새파랗다, 빛나다, 짓이기다, 싯누렇다

[붙임] 어원은 분명하나 소리만 특이하게 변한 것은 변한 대로 적는다.

예 할아버지, 할아범

[붙임] 어원이 분명하지 아니한 것은 원형을 밝히어 적지 아니한다.

예 골병, 골탕, 끌탕, 며칠, 아재비, 오라비, 업신여기다, 부리나케

[붙임] '이[齒, 虱]'가 합성어나 이에 준하는 말에서 '니' 또는 '리'로 소리 날 때에는 '니'로 적는다.

예 덧니, 사랑니, 송곳니, 앞니, 톱니, 틀니, 가랑니, 머릿니

제28항 끝소리가 'ㄹ'인 말과 딴 말이 어울릴 적에 'ㄹ' 소리가 나지 아니하는 것은 아니 나는 대로 적는다.

예 다달이(달-달-이), 따님(딸-님), 마소(말-소), 무자위(물-자위), 바느질(바늘-질), 부삽(불-삽),
부손(불-손), 싸전(쌀-전), 여닫이(열-닫-이), 우짖다(울-짖다), 화살(활-살), 마되(말-되)

→ 한자 '불(不)'이 첫소리 'ㄷ, ㅈ' 앞에서 '부'로 읽히는 단어의 경우도 'ㄹ'을 적지 않는다.

예 부당(不當), 부조리(不條理), 부주의(不注意)

제29항 끝소리가 'ㄹ'인 말과 딴 말이 어울릴 적에 'ㄹ' 소리가 'ㄷ' 소리로 나는 것은 'ㄷ'으로 적는다.

예 반짇고리(바느질~), 숟가락(술~), 이튿날(이틀~), 사흗날(사흘~), 삼짇날(삼질~), 섣달(설~),
섣부르다(설~), 푿소(풀~), 잗주름(잘~), 잗다듬다(잘~), 잗다랗다(잘~)

제30항 사이시옷은 다음과 같은 경우에 받치어 적는다.　→ 순우리말이 포함된 합성어에서

1) 뒷말의 첫소리가 된소리로 나는 것

예 나뭇가지, 귓밥, 냇가, 나룻배, 맷돌, 모깃불, 아랫집, 햇볕, 핏대, 혓바늘, 뱃길, 바닷가, 머릿
기름, 고랫재*, 귓병(-病), 머릿방(-房), 찻잔(-盞), 자릿세(-貰), 전셋집(傳貰-), 햇수(-數),
횟배(蛔-)*, 맥줏집(麥酒-)

*고랫재: 방고래에 모여 쌓인 재　　　　*횟배: 회충으로 인한 배앓이

→ 받침 없는 앞말 + ㄱ, ㄷ, ㅂ, ㅅ, ㅈ

2) 뒷말의 첫소리 'ㄴ, ㅁ' 앞에서 'ㄴ' 소리가 덧나는 것

예 아랫니, 텃마당, 아랫마을, 뒷머리, 잇몸, 깻묵*, 냇물, 빗물, 곗날(契-), 제삿날(祭祀-), 훗날
(後-), 양칫물(養齒-), 툇마루(退-)

*깻묵: 기름을 짜고 남은 깨의 찌꺼기

→ 받침 없는 앞말 + ㄴ, ㅁ

3) 뒷말의 첫소리 모음 앞에서 'ㄴㄴ' 소리가 덧나는 것

예 나뭇잎, 뒷일, 뒷윷, 베갯잇, 도리깻열*, 욧잇*, 깻잎, 두렛일, 댓잎, 가욋일(加外-)*, 사삿일
(私私-), 예삿일(例事-), 훗일(後-)

*도리깻열: 도리깨의 한 부분　　　　*욧잇: 요의 몸에 닿는 쪽에 시치는 흰 헝겊　　　　*가욋일: 필요 밖의 일

→ 받침 없는 앞말 + 이, 야, 여, 요, 유

4) 두 음절로 된 다음 한자어

예 곳간(庫間), 툇간(退間), 찻간(車間), 셋방(貰房), 숫자(數字), 횟수(回數)

제31항 두 말이 어울릴 적에 'ㅂ' 소리나 'ㅎ' 소리가 덧나는 것은 소리대로 적는다.

1) 'ㅂ' 소리가 덧나는 것

예 좁쌀(조ㅂ쌀), 햅쌀(해ㅂ쌀), 입때(이ㅂ때), 접때(저ㅂ때), 볍씨(벼ㅂ씨), 멥쌀(메ㅂ쌀), 댑싸리(대ㅂ싸리)

→ 옛말에서 '쌀, 때'는 초성에 'ㅂ'을 가지고 있는 어두자음군(ᄡ, ᄢ)의 형태였다.

2) 'ㅎ' 소리가 덧나는 것

예 살코기(살ㅎ고기), 안팎(안ㅎ밖), 암탉(암ㅎ닭), 수탉(수ㅎ닭), 머리카락(머리ㅎ가락)

→ 옛말에서 '머리, 살, 수, 암, 안'은 'ㅎ' 곡용어였다.

준말

제32항 단어의 끝 모음이 줄어지고 자음만 남은 것은 그 앞의 음절에 받침으로 적는다.

→ 준말은 모음으로 시작하는 어미와 결합이 불가능하다.

본말	준말	본말	준말
가지고, 가지지	갖고, 갖지	디디고, 디디지	딛고, 딛지
어제저녁	엊저녁	어제그저께	엊그저께
서두르다	서둘다	기러기야	기럭아

제33항 체언과 조사가 어울려 줄어지는 경우에는 준 대로 적는다.

본말	준말	본말	준말
그것은	그건	그것이	그게
그것으로	그걸로	나는	난
나를	날	너는	넌
너를	널	무엇을	무얼, 뭘
무엇이	뭣, 무에		

→ 부사에 조사가 결합할 때도 준 대로 적는다.

본말	준말	본말	준말
그리로	글로	이리로	일로

제34항 모음 'ㅏ, ㅓ'로 끝난 어간에 '-아/-어, -았-/-었-'이 어울릴 적에는 준 대로 적는다.

본말	준말	본말	준말
가아	가	가았다	갔다
서어	서	서었다	섰다
펴어	펴	펴었다	폈다

[붙임] 'ㅐ, ㅔ' 뒤에 '-어, -었-'이 어울려 줄 적에는 준 대로 적는다.

본말	준말	본말	준말
개어	개	개었다	갰다
베어	베	베었다	벴다

제35항 모음 'ㅗ, ㅜ'로 끝난 어간에 '-아/-어, -았-/-었-'이 어울려 줄 적에는 준 대로 적는다.

본말	준말	본말	준말
꼬아	꽈	꼬았다	꽜다
주어	줘	주었다	줬다

[붙임] '놓아'가 '놔'로 줄 적에는 준 대로 적는다.

[붙임] 'ㅚ' 뒤에 '-어, -었-'이 어울려 줄 적에도 준 대로 적는다.

본말	준말	본말	준말
되어	돼	되었다	됐다
뵈어	봬	뵈었다	뵀다

제36항 'ㅣ' 뒤에 '-어'가 와서 'ㅕ'로 줄 적에는 준 대로 적는다.

본말	준말	본말	준말
가지어	가져	가지었다	가졌다
견디어	견뎌	견디었다	견뎠다

제37항 'ㅏ, ㅕ, ㅗ, ㅜ, ㅡ'로 끝난 어간에 '-이-'가 와서 줄 적에는 준 대로 적는다.

본말	준말	본말	준말
싸이다	쌔다	누이다	뉘다
펴이다	폐다	뜨이다	띄다
보이다	뵈다	쓰이다	씌다

제38항 'ㅏ, ㅗ, ㅜ, ㅡ' 뒤에 '-이어'가 어울려 줄 적에는 준 대로 적는다.

본말	준말	본말	준말
싸이어	쌔어, 싸여	누이어	뉘어, 누여
보이어	뵈어, 보여	뜨이어	띄어, 뜨여

'띄다'와 '띠다'의 용례 구분

- 띄다: '뜨이다'의 준말
  [예] 눈에 띄는 집
- 띠다: 띠나 끈 따위를 두르다.
  [예] 허리에 띠를 띠다.

제39항 어미 '-지' 뒤에 '않-'이 어울려 '-잖-'이 될 적과 '-하지' 뒤에 '않-'이 어울려 '-찮-'이 될 적에는 준 대로 적는다.

본말	준말	본말	준말
그렇지 않다	그렇잖다	만만하지 않다	만만찮다
두렵지 않다	두렵잖다	당하지 않다	당찮다

어간의 끝음절 '하'가 줄어드는 환경

울림소리 뒤에서는 어간의 끝음절 '하'의 'ㅏ'가 줄고, 안울림소리 뒤에서는 어간의 끝음절 '하'가 아주 준다.

제40항 어간의 끝음절 '하'의 'ㅏ'가 줄고 'ㅎ'이 다음 음절의 첫소리와 어울려 거센소리로 될 적에는 거센소리로 적는다.

본말	준말	본말	준말
간편하게	간편케	다정하다	다정타
아니하다	아니타	흔하다	흔타

[붙임] 어간의 끝음절 '하'가 아주 줄 적에는 준 대로 적는다.

본말	준말	본말	준말
넉넉하지 않다	넉넉지 않다	못하지 않다	못지 않다
생각하건대	생각건대	섭섭하지 않다	섭섭지 않다

[붙임] 'ㅎ'이 어간의 끝소리로 굳어진 것은 받침으로 적는다.

예 않다, 않고, 그렇다, 그렇고, 아무렇다, 아무렇고, 어떻다, 어떻고, 이렇다, 이렇고, 저렇다, 저렇고

[붙임] 다음과 같은 부사는 소리대로 적는다.

예 결단코, 결코, 기필코, 무심코, 아무튼, 요컨대, 정녕코, 필연코, 하마터면, 하여튼, 한사코

→ 어원적으로는 용언의 활용형에서 나온 것이라도 현재 부사로 굳어졌으면 원형을 밝히지 않는다.

띄어쓰기

1. 조사

제41항 조사는 그 앞말에 붙여 쓴다.

예 꽃이, 꽃만, 꽃밖에, 꽃마저, 꽃에서부터, 꽃으로만, 꽃이다, 학교에서처럼, 아이까지도, 말하면서까지도

2. 의존 명사, 단위를 나타내는 명사 및 열거하는 말 등

제42항 의존 명사는 띄어 쓴다.

예
- 아는 것이 힘이다.
- 네가 뜻한 바를 알겠다.
- 아는 이를 만났다.
- 먹을 만큼 먹어라.
- 나도 할 수 있다.

심화 학습　혼동하기 쉬운 단어

구분		설명	예
대로, 만큼, 뿐	의존 명사	관형어 뒤에서 띄어 씀	• 지칠 대로 지쳐 버렸다. • 주는 만큼 돌아온다. • 모두 구경만 할 뿐이다.
	조사	체언 뒤에서 붙여 씀	• 나는 나대로 살겠다. • 나도 너만큼 클 수 있다. • 우리의 소원은 통일뿐이다.
만	의존 명사	시간, 거리, 횟수를 나타내는 말 뒤에서 띄어 씀	• 헤어진 지 삼 년 만에 만났다. • 몇 번 만에 전화를 받았다.
	조사	체언(명사형 어미 포함) 뒤에서 '한정', '강조'를 나타냄	• 그는 웃기만 할 뿐 아무 말이 없었다. • 눈만 감아도 잠이 올 것 같다.
지	의존 명사	지금까지의 동안을 나타내는 말 뒤에서 띄어 씀	집을 나간 지 이틀 만에 돌아왔다.
	어미	어미의 일부분일 때 붙여 씀	제가 누구인지 아세요?
양, 체, 척, 법, 만, 듯	의존 명사	용언의 관형사 뒤에서 띄어 씀	• 애써 태연한 척을 했다. • 잠을 잔 듯 만 듯 정신이 없다.
	보조 용언	'하다/싶다'에 붙어 하나의 단어로 씀	• 그는 자꾸만 아는 척한다. • 오늘 왠지 비가 올 듯하다.
들	의존 명사	두 개 이상의 사물을 나열할 때 뒤에서 띄어 씀	과일에는 사과, 딸기, 수박, 참외 들이 있다.
	접미사	복수의 뜻을 나타낼 때 붙여 씀	나무들, 사람들, 너희들
간(間)	의존 명사	관계의 뜻 혹은 대상 간의 사이를 나타낼 때 뒤에서 띄어 씀	서울과 부산 간, 부모와 자식 간
	접미사	명사 뒤에서 '동안', '장소'를 나타냄	이틀간, 한 달간, 외양간
씨(氏)	의존 명사	사람을 높이거나 대접하는 경우 뒤에서 띄어 씀	김 씨, 길동 씨, 홍길동 씨
	접미사	그 성씨 자체, 가문이나 문중을 나타낼 때 붙여 씀	김씨, 이씨, 백씨 부인
시	의존 명사	'어떤 일이나 현상이 일어날 때나 경우'를 나타낼 때 뒤에서 띄어 씀	규칙을 어겼을 시에는 처벌을 받는다.
	접미사	'그렇게 여김. 그렇게 봄'을 나타낼 때 붙여 씀	등한시, 백안시, 적대시
-걸	의존 명사	'-것을'의 준말일 때 띄어 씀	먹을 걸 가져왔다.
	어미	'후회, 추측'을 의미할 때 앞말과 붙여 씀	• 내가 너보다 더 클걸. • 미리 자 둘걸.
-바	의존 명사	다른 명사(것, 곳, 경우)로 대체 가능, 뒤에 조사를 붙여 본다.	내가 알던 바와는 다르다.
	어미	다른 명사(것, 곳, 경우)로 대체 불가, 뒤에 조사 붙지 않음	너의 죄가 큰바 벌을 받아야 한다.
-데	의존 명사	다른 명사(것, 곳, 경우)로 대체 가능, 뒤에 조사를 붙여 본다.	이 일을 하는 데 한 달이 걸렸다.
	어미	다른 명사(것, 곳, 경우)로 대체 불가, 뒤에 조사 붙지 않음	가게에 가는데 뭐 사다 줄까?
식(式)	의존 명사	'일정한 방식이나 투'를 나타낼 때 뒤에서 띄어 씀	그런 식으로나마 그녀를 위로했다.
	접미사	'방식' 또는 '의식'을 나타낼 때 앞말과 붙여 씀	기계식, 계단식, 성년식, 수료식

'-ㄹ 뿐더러'의 형태로 쓰일 때는 어미이으로 붙여 쓴다.
예 예쁠뿐더러 착하다.

의존 명사 '간'이 결합한 합성어
예 부부간, 부자간, 모녀간, 남매간, 동기간, 고부간

의존 명사 '시'가 결합한 합성어
예 비상시, 유사시, 필요시, 평상시

차(次)	의존 명사	('-던 차'의 구성) '어떠한 일을 하던 기회나 순간'을 나타낼 때 뒤에서 띄어 씀	당신을 만나러 가려던 차였다.
	접미사	'목적'을 나타낼 때 앞말과 붙여 씀	사업차 미국으로 간다.
밖에	명사 + 조사	'바깥에'를 나타낼 때	밖에 나가서 놀아라.
	조사	'그것 말고는(only)'을 나타낼 때 앞말과 붙여 씀	하나밖에 남지 않았다.
	어미	'-ㄹ밖에'의 형태로 '다른 수가 없다'를 나타낼 때 앞말과 붙여 씀	시키는 대로 할밖에
판	의존 명사	'처지, 판국, 형편' 또는 '승부를 겨루는 일을 세는 단위'를 나타낼 때 뒤에서 띄어 씀	• 사람이 죽고 사는 판에 너는 뭐하는 거니? • 씨름 한 판
중(中)	의존 명사	'무엇을 하는 동안', '여럿의 가운데'	• 근무 중, 수감 중 • 우리 중에 내가 제일 작다.
녘	의존 명사	'어떤 때의 무렵'	황혼 녘, 해뜰 녘, 아침 녘
-째	접미사	'그대로, 전부' 또는 '차례, 동안'	통째, 껍질째, 둘째, 사흘째
-쯤	접미사	'알맞은 한도, 그만큼가량'	이쯤, 중간쯤, 내일쯤, 얼마쯤
-상, -하	접미사	'위, 아래' 또는 '추상적인 공간에서의 한 위치, 그것과 관련된 조건이나 환경'	지도상, 교각하, 통신상, 식민지하

명사 '판'이 결합한 합성어
예 노름판, 씨름판, 웃음판

의존 명사 '중'이 결합한 합성어
예 무의식중, 은연중, 한밤중, 부재중

의존 명사 '녘'이 결합한 합성어
예 동·서·남·북녘, 새벽녘, 저녁녘

제43항 **단위를 나타내는 명사는 띄어 쓴다.**

예 한 개, 차 한 대, 금 서 돈, 소 한 마리, 옷 한 벌, 열 살, 조기 한 손, 집 한 채, 버선 한 죽, 북어 한 쾌

[다만] 순서를 나타내는 경우나 숫자와 어울리어 쓰이는 경우에는 붙여 쓸 수 있다.

예 • 두 시 삼십 분 오 초 (O) / 두시 삼십분 오초 (O)   • 제일 과 (O) / 제일과 (O)
   • 삼 학년(O) / 삼학년(O)   • 육 층(O) / 육층(O)
   • 2022 년 12 월 5 일(O) / 2022년 12월 5일(O)   • 15 동 503 호 (O) / 15동 503호(O)
→ 첩어나 준첩어로 그 쓰임이 인정된 단어는 붙여 쓴다.
   예 가끔가끔, 가만히가만히, 곤드레만드레, 기나길다, 너울너울, 매일매일, 머나멀다, 엉큼성큼, 여기저기

제44항 **수를 적을 적에는 '만(萬)' 단위로 띄어 쓴다.**

예 십이억 삼천사백오십육만 칠천팔백구십팔 (12억 3456만 7898)
→ 금액을 적을 때에는 변조 등의 사고를 방지하려는 뜻에서 붙여 쓰는 게 관례로 되어 있다.
   예 일금: 삼십일만오천육백칠십팔원정 / 돈: 일백칠십육만오천원

제45항 **두 말을 이어 주거나 열거할 적에 쓰이는 다음의 말들은 띄어 쓴다.**

예 • 국장 겸 과장   • 열 내지 스물   • 청군 대 백군
   • 책상, 걸상 등이 있다.   • 이사장 및 이사들   • 사과, 배, 귤 등등
   • 사과, 배 등속   • 부산, 광주 등지

제46항 **단음절로 된 단어가 연이어 나타날 적에는 붙여 쓸 수 있다.**

예 • 좀더 큰것   • 이말 저말   • 한잎 두잎   • 내것 네것
→ 자연스럽게 의미적으로 한 덩이를 이룰 수 있는 구조에 적용된다.

3. 보조 용언

제47항 보조 용언은 띄어 씀을 원칙으로 하되, 경우에 따라 붙여 씀도 허용한다.

→ 이때, 붙여 쓸 수 있는 보조 용언은 '-아/-어' 뒤에 연결되는 보조 용언과 의존 명사에 '-하다'나 '-싶다'가 붙어서 된 보조 용언을 가리킨다.

원칙	허용
불이 꺼져 간다.	불이 꺼져간다.
내 힘으로 막아 낸다.	내 힘으로 막아낸다.
그릇을 깨뜨려 버렸다.	그릇을 깨뜨려버렸다.
비가 올 듯하다.	비가 올듯하다.
그 일은 할 만하다.	그 일은 할만하다.
비가 올 성싶다.	비가 올성싶다.
잘 아는 척하다.	잘 아는척하다.

[다만] 앞말이 3음절 이상의 합성·파생어인 경우나 앞말에 조사가 붙는 경우, 그리고 중간에 조사가 들어갈 적에는 그 뒤에 오는 보조 용언은 띄어 쓴다.

> 예 · 잘도 <u>놀아만 나는구나</u>. / 책을 <u>읽어도 보고</u> → 본용언에 조사 결합
> · 네가 <u>덤벼들어 보아라</u>. / 이런 기회는 <u>다시없을 듯하다</u>. → 본용언이 합성 용언
> · 그가 올 <u>듯도 하다</u>. / 잘난 <u>체를 한다</u>. → 중간에 조사가 들어가는 경우

> 01. (시험 삼아) 고기를 잡아 본다.　　→　고기를 잡아본다.
> 02. 고기를 잡아(서) 본다.　　　　　→　고기를 잡아 본다.
> 03. (그분의) 사과를 깎아 드린다.　　→　사과를 깎아드린다.
> 04. 사과를 깎아(서) 드린다.　　　　→　사과를 깎아 드린다.

→ 어미 '-아/-어' 뒤에 '하다', '지다'를 붙여 형용사를 동사로 만들거나 '지다'가 보조 동사로 동사 뒤에서 '-어지다' 구성으로 쓰일 경우에는 붙여 쓴다.

> 예 · 반가워하다, 슬퍼하다, 좋아하다, 넓어지다　　　· 만들어지다, 믿어지다

→ 보조 용언을 거듭 적는 경우에는 앞의 보조 용언만을 붙여 쓸 수 있다.

> 예 · 적어 둘 만하다. (원칙) / 적어둘 만하다. (허용)
> · 읽어 볼 만하다. (원칙) / 읽어볼 만하다. (허용)
> · 되어 가는 듯하다. (허용) / 되어가는 듯하다. (허용)

4. 고유 명사 및 전문 용어

제48항 성과 이름, 성과 호 등은 붙여 쓰고, 이에 덧붙는 호칭어, 관직명 등은 띄어 쓴다.

> 예 김양수, 서화담('화담'은 호), 채영신 씨, 최치원 선생, 박동식 박사, 충무공 이순신 장군

[다만] 성과 이름, 성과 호를 분명히 구분할 필요가 있을 경우 띄어 쓸 수 있다.

> 예 남궁억 / 남궁 억, 독고준 / 독고 준, 황보지봉 / 황보 지봉

제49항 성명 이외의 고유 명사는 단어별로 띄어 씀을 원칙으로 하되, 단위별로 띄어 쓸 수 있다.

예 대한 중학교 / 대한중학교, 한국 대학교 사범 대학 / 한국대학교 사범대학

→ '용언의 관형사형 + 명사' 혹은 '명사 + 조사 + 명사' 형식으로 된 고유 명사도 붙여 쓸 수 있다.

예 즐거운 노래방 / 즐거운노래방, 부부의 날 / 부부의날

→ 합성어라도 다음과 같은 산·강·산맥·평야·고원 이름은 굳어진 지명으로 하나의 단어이므로 붙여 쓴다.

예 북한산, 에베레스트산, 소백산맥, 알프스산맥, 나주평야, 개마고원, 티베트고원

제50항 전문 용어는 단어별로 띄어 씀을 원칙으로 하되, 붙여 쓸 수 있다.

예 만성 골수성 백혈병 / 만성골수성백혈병, 중거리 탄도 유도탄 / 중거리탄도유도탄

5. 그 이외의 것

1) '한번'과 '한 번', '한잔'과 '한 잔'

- 한번: '시도, 기회, 강조'의 의미를 나타낼 때 예 우리 한번 만나 볼까? / 언제 한번 놀러 갈게.
- 한 번: '횟수'를 나타낼 때 예 지구는 하루에 한 번 자전한다.
- 한잔: '간단하게 한 차례 마시는 차나 술'을 나타낼 때 예 다음에 커피나 한잔 마시자.
- 한 잔: '수량'을 나타낼 때 예 녹차 한 잔과 커피 두 잔 주세요.

2) '안'과 '못'

- 부정문에 쓰인 경우에는 띄어 쓴다. 예 이제 다시는 그 사람을 안 만나겠다. / 바빠서 사람을 못 만난다.
- 특수한 의미로 쓰인 경우에는 붙여 쓴다.

단어	의미	예
안되다 (동사)	일, 현상, 물건 따위가 좋게 이루어지지 않다.	비가 너무 많이 와서 농사가 안돼 큰일이다.
	사람이 훌륭하게 되지 못하다.	자식이 안되기를 바라는 부모는 없다.
	일정한 수준이나 정도에 이르지 못하다.	이번에는 우리 중 안되어도 세 명은 합격할 것이다.
안되다 (형용사)	섭섭하거나 가엾어 마음이 언짢다.	젊은 나이에 고생하는 것을 보니 마음이 안됐다.
	근심이나 병 따위로 얼굴이 많이 상하다.	몸살을 앓더니 얼굴이 많이 안됐구나.
못되다 (형용사)	성질이나 품행 따위가 좋지 않거나 고약하다.	못된 심보 / 못되게 굴다.
	일이 뜻대로 되지 않은 상태에 있다.	그 일이 못된 게 남의 탓이겠어.
못지아니하다/ 못지않다 (형용사)	일정한 수준이나 정도에 뒤지지 않다.	• 그의 영어 실력은 현지인에 못지아니하다. • 그는 화가 못지않게 그림을 잘 그린다.

심화 학습 암기해야 할 복합어☆

지난주-지난밤-지난봄-지난여름-지난가을-지난겨울, 마음속-물속-굴속-꿈속-불속-산속-숲속, 한마음-한곳-한뜻-한배, 분리배출-분리수거, 창밖-문밖, 갖은것-갖은양념, 외딴길-외딴섬-외딴집, 가나다순, 난생처음, 성안, 유학길, 온종일-온밤, 아무것-어느새, 사과나무, 그동안-그사이-그간-그중, 너나없이, 보아하니, 쏜살같이, 안절부절못하다-마지못하다, 쓸데없다-관계없다-속절없다-하잘것없다, 잘되다-잃어버리다-이루어지다-오래되다-그만두다-떠돌아다니다-돌아가다

그 밖의 것

제51항 부사의 끝음절이 분명히 '이'로만 나는 것은 '-이'로 적고, '히'로만 나거나 '이'나 '히'로 나는 것은 '-히'로 적는다.

1) '이'로만 나는 것

예 겹겹이, 틈틈이, 나날이, 깨끗이, 따뜻이, 지긋이, 가까이, 기꺼이, 날카로이, 외로이, 같이, 굳이, 헛되이

2) '히'로만 나는 것

예 간편히, 고요히, 과감히, 정확히, 답답히, 엄격히, 익히, 특히, 작히

3) '이'나 '히'로 나는 것

예 솔직히, 가만히, 간편히, 나른히, 무단히, 각별히, 공평히, 소홀히, 당당히, 분명히, 조용히, 고요히

심화 학습

1. '이'로 적는 것

(첩어 또는 준첩어인) 명사 뒤	예 간간이, 겹겹이, 곳곳이, 다달이, 몫몫이, 번번이, 샅샅이
'ㅅ' 받침 뒤	예 나긋나긋이, 남짓이, 뜨뜻이, 버젓이, 번듯이, 빠듯이, 지긋이
'ㅂ' 불규칙 용언의 어간 뒤	예 가벼이, 괴로이, 기꺼이, 너그러이, 부드러이, 새로이, 외로이
'-하다'가 붙지 않는 용언 뒤	예 같이, 굳이, 길이, 깊이, 높이, 많이, 실없이, 헛되이
부사 뒤	예 곰곰이, 더욱이, 생긋이, 오뚝이, 일찍이, 히죽이

2. '히'로 적는 것

'-하다'가 붙는 어간 뒤(단, 'ㅅ' 받침 제외) 예 간편히, 고요히, 공평히, 과감히, 급급히, 꼼꼼히

제52항 한자어에서 본음으로도 나고 속음으로도 나는 것은 각각 그 소리에 따라 적는다.

본음으로 나는 것	속음으로 나는 것
승낙(承諾)	수락(受諾), 쾌락(快諾), 허락(許諾)
만난(萬難)	곤란(困難), 논란(論難)
안녕(安寧)	의령(宜寧)
분노(忿怒)	희로애락(喜怒哀樂)
토론(討論)	의논(議論)
오륙십(五六十)	유월(六月)
목재(木材)	모과(木瓜)
십일(十日)	시월(十月)
팔일(八日)	초파일(初八日)

제53항 다음과 같은 어미는 예사소리로 적는다.

예 -(으)ㄹ걸, -(으)ㄹ게, -(으)ㄹ지, -(으)ㄹ세라, -(으)ㄹ수록, -(으)ㄹ지라도, -(으)ㄹ지언정, -올시다

[다만] 의문을 나타내는 어미는 된소리로 적는다.

예 -(으)ㄹ까?, -(으)ㄹ꼬?, -(스)ㅂ니까?, -(으)리까?, -(으)ㄹ쏘냐?

제54항 다음과 같은 접미사는 된소리로 적는다.

예 심부름꾼, 일꾼, 장난꾼, 때깔, 빛깔, 귀때기, 볼때기, 뒤꿈치, 이마빼기, 객쩍다, 겸연쩍다

단, '언덕배기'는 한 형태소 내부는 아니지만 '언덕바지'와의 형태적 연관성을 보이기 위해 '언덕배기'로 적는다.

심화 학습

1. '-배기 / -빼기'

[배기]로 발음되는 경우는 '배기'로 적는다. 예 주정배기, 진짜배기, 나이배기

한 형태소 내부에서 'ㄱ, ㅂ' 받침 뒤에서 [빼기]로 발음되는 경우는 '배기'로 적는다. 예 뚝배기, 학배기

다른 형태소 뒤에서 [빼기]로 발음되는 것은 모두 '빼기'로 적는다. 예 고들빼기, 곱빼기, 그루빼기, 대갈빼기

2. '-적다 / -쩍다'

[적다]로 발음되는 경우는 '적다'로 적는다. 예 괘다리적다*, 괘달머리적다 딴기적다*, 열퉁적다*

'적다(少)'의 뜻이 유지되고 있는 합성어의 경우는 '적다'로 적는다. 예 맛적다*

'적다(少)'의 뜻이 없이 [쩍다]로 발음되는 경우는 '쩍다'로 적는다. 예 맥쩍다, 멋쩍다, 해망쩍다*, 행망쩍다*

*괘다리적다: 사람됨이 멋없고 거칠다. 또는 성미가 무뚝뚝하고 퉁명스럽다.　*맛적다: 재미나 흥미가 없어 싱겁다.

*딴기적다: 기력이 약하여 힘차게 앞질러 나서는 기운이 없다.　*행망쩍다: 주의력이 없고 아둔하다.

*열퉁적다: 말이나 행동이 조심성이 없고 거칠며 미련스럽다.　*해망쩍다: 영리하지 못하고 아둔하다.

제55항 두 가지로 구별하여 적던 다음 말들은 한 가지로 적는다.

예 • 맞추다(입을 맞추다, 양복을 맞추다)(O) - 마추다(X)
　• 뻗치다(다리를 뻗치다, 멀리 뻗치다)(O) - 뻐치다(X)

제56항 '-더라, -던'과 '-든지'는 다음과 같이 적는다.

1) 지난 일을 나타내는 어미는 '-더라, -던'으로 적는다.

예 지난겨울은 몹시 춥더라. / 깊던 물이 얕아졌다. / 그렇게 좋던가? / 얼마나 놀랐던지 몰라.

2) 물건이나 일의 내용을 가리지 아니하는 뜻을 나타내는 조사와 어미는 '-든지'로 적는다.

예 배든지 사과든지 마음대로 먹어라. / 가든지 오든지 마음대로 해라.

제57항 다음 말들은 각각 구별하여 적는다.

단어	의미	예
가름	나누는 것	둘로 가름
갈음	대신하는 것. 대체하는 것	새 책상으로 갈음하였다.
거름	비료	풀을 썩힌 거름
걸음	두 발을 번갈아 옮겨 놓는 동작	빠른 걸음
거치다	무엇에 걸려서 스치다. 경유하다.	영월을 거쳐 왔다.
걷히다	'걷다'의 피동사	외상값이 잘 걷힌다.
걷잡다	쓰러지는 것을 거두어 붙잡다.	걷잡을 수 없는 상태
겉잡다	겉가량하여 먼저 어림치다.	겉잡아서 이틀 걸릴 일
그러므로	그러니까, 그러하기 때문에, 그렇게 하기 때문에	그는 부지런하다. 그러므로 잘 산다.
그럼으로	그렇게 하는 것으로(써)	그는 열심히 공부한다. 그럼으로 은혜에 보답한다.
노름	도박	노름판이 벌어졌다.
놀음	놀이	즐거운 놀음
느리다	속도가 빠르지 못하다.	진도가 너무 느리다.

늘이다	본디보다 길게 하다. 아래로 처지게 하다.	고무줄을 늘인다.
늘리다	크게 하거나 많게 하다.	수출량을 더 늘린다.
다리다	다리미로 문지르다.	옷을 다린다.
달이다	끓여서 진하게 하다. 약제에 물을 부어 끓게 하다.	약을 달인다.
다치다	부딪쳐서 상하다. 부상을 입다.	부주의로 손을 다쳤다.
닫히다	'닫다'의 피동사	문이 저절로 닫혔다.
닫치다	'닫다'의 강세어	문을 힘껏 닫쳤다.
마치다	끝내다.	벌써 일을 마쳤다.
맞히다	표적에 맞게 하다. 맞는 답을 내놓다. 침이나 매 따위를 맞게 하다. 눈·비·서리 따위를 맞게 하다.	여러 문제를 더 맞혔다.
목거리	목이 붓고 아픈 병	목거리가 덧났다.
목걸이	목도리 등 목에 거는 물건. 또는 목에 거는 장식품	금목걸이
바치다	신이나 웃어른께 드리다. 마음과 몸을 내놓다. 세금 따위를 내다.	나라를 위해 목숨을 바쳤다.
받치다	밑을 괴다. 모음 글자 밑에 자음 글자를 붙여 적다. 위에서 내려오는 것을 아래에서 잡아 들다 등	우산을 받치고 간다. 책받침을 받친다.
받히다	'받다'의 피동사	쇠뿔에 받혔다.
밭치다	'밭다(체 따위로 쳐서 액체만 받아 내다)'의 강세어	술을 체에 밭친다.
반드시	꼭, 틀림없이	약속은 반드시 지켜라.
반듯이	비뚤어지거나 기울거나 굽지 않고 바르게	고개를 반듯이 들어라.
부딪치다	'부딪다(물건과 물건이 서로 힘 있게 마주 닿다)'의 강세어	차와 차가 부딪쳤다.
부딪히다	'부딪다'의 피동사	마차가 화물차에 부딪혔다.
부치다	• 힘이 미치지 못하다. • 편지 또는 물건을 보내다. • 논밭을 다루어서 농사를 짓다. • 번철에 기름을 바르고 누름적, 저냐 따위를 익혀 만들다. • 어떤 문제를 의논 대상으로 내놓다. • 원고를 인쇄에 넘기다. • 몸이나 식사 따위를 의탁하다. • 어떤 행사나 특별한 날에 즈음하여 어떤 의견을 나타내다.	• 힘이 부치는 일이다. • 편지를 부친다. • 논밭을 부친다. • 빈대떡을 부친다. • 회의에 부치는 안건 • 인쇄에 부치는 원고 • 삼촌 집에 숙식을 부친다. • 식목일에 부치는 글
붙이다	• 붙게 하다. • 서로 맞닿게 하다. • 두 편의 관계를 맺게 하다 • 암컷과 수컷을 교합시키다. • 불이 옮아서 타게 하다. • 겨루는 일 따위를 서로 어울려 시작하게 하다. • 조건, 이유, 구실을 딸리게 하다. • 습관이나 취미 등이 익어지게 하다. • 이름을 가지게 하다. • 뺨이나 볼기를 손으로 때리다.	• 스티커를 붙인다. • 책상을 벽에 붙였다. • 불을 붙인다. • 흥정을 붙인다. • 조건을 붙인다. • 취미를 붙인다. • 별명을 붙인다.
시키다	하게 하다.	일을 시킨다.
식히다	'식다'의 사동사	끓인 물을 식힌다.
아름	두 팔을 벌려서 껴안은 둘레의 길이	세 아름 되는 둘레
알음	아는 일	전부터 알음이 있는 사이
앎	아는 일	앎이 힘이다.

안치다	끓이거나 찔 물건을 솥이나 시루에 넣다.	밥을 안친다.
앉히다	• '앉다'의 사동사 • '버릇을 가르치다, 문서에 줄거리를 따로 잡아 기록하다'	• 자리에 앉힌다. • 버릇을 앉히다.
어름	두 물건의 끝이 닿은 데	두 물건의 어름
얼음	물이 얼어서 굳어진 것	얼음이 얼었다.
이따가	조금 지난 뒤에	이따가 오너라.
있다가	'있다'의 활용형	돈은 있다가도 없다.
저리다	살이나 뼈마디가 오래 눌리어 피가 잘 돌지 못해서 힘이 없고 감각이 둔하다.	다친 다리가 저리다.
절이다	'절다'의 사동사 (염분을 먹여서 절게 하다.)	김장 배추를 절이다.
조리다	어육이나 채소 따위를 양념하여 국물이 바특하게 바짝 끓이다.	생선을 조리다, 통조림
졸이다	속을 태우다시피 마음을 초조하게 먹다.	마음을 졸이다.
주리다	먹을 만큼 먹지 못하여 배곯다.	여러 날을 주렸다.
줄이다	'줄다'의 사동사	비용을 줄이다.
하노라고	자기 나름으로는 한다고	하노라고 한 것이 이렇다.
하느라고	하는 일로 인하여	공부하느라고 밤을 새움
-느니보다	어미	밥을 먹느니보다 굶겠다.
-는 이보다	의존 명사	오는 이보다 가는 이가 많다.
-(으)리만큼	'-ㄹ 정도만큼'을 나타내는 어미	나를 미워하리만큼 그에게 잘못한 게 없다.
-(으)ㄹ 이만큼	'-ㄹ 사람만큼'	찬성할 이만도 반대할 이만큼이나 많을 것이다.
-(으)러	'그 동작의 직접 목적'을 나타내는 어미	공부하러 간다.
-(으)려	'그 동작을 하려고 하는 의도'를 나타내는 어미	서울 가려 한다.
(으)로서	'어떤 지위나 신분이나 자격을 가진 입장'을 나타내는 조사	친구로서 좋다.
(으)로써	'재료, 수단, 방법', '어떤 일의 기준이 되는 시간'을 나타내는 조사	• 말로써 빚을 갚는다. • 올해로써 20년이 된다.
-(으)므로	'까닭'을 나타내는 어미	그가 나를 믿으므로 나도 그를 믿는다.
(으)로써	'재료, 수단, 방법', '어떤 일의 기준이 되는 시간'을 나타내는 조사	• 말로써 빚을 갚는다. • 올해로써 20년이 된다.
-(으)므로	'까닭'을 나타내는 어미	그가 나를 믿으므로 나도 그를 믿는다.

🗒 기출 문제 풀이로 핵심 포인트

다음 중 맞으면 ○, 틀리면 X 표시하시오.

01. '그는 불황을 타개하기 위해 사업 차 외국에 나갔다'는 띄어쓰기가 옳다.

02. '모두 소매를 걷어붙이고 달려들었다'는 한글 맞춤법에 맞다.

03. '론의(論議)'로 적지 않고 '논의'로 적는 것은 표준어를 소리대로 적은 것이다.

04. '꼬마들에게 주사를 맞히기가 힘들다'는 어휘의 쓰임이 올바르다.

05. '공깃밥, 인삿말, 마굿간, 머릿털'의 사이시옷 표기가 모두 옳다.

정답 01 X ('차'가 '목적'의 의미로 쓰이면 '접사'이므로 붙여 써야 한다) 02 ○ 03 ○ 04 ○ 05 X ('인사말'은 사잇소리 현상이 일어나지 않아서, '마구간'은 한자 파생어, '머리털'은 '털'이 거센소리 'ㅌ'으로 시작하기 때문에 사이시옷 표기를 하지 않는다)

01 다음 글을 읽고 <보기>를 이해한 내용으로 적절하지 않은 것은?

> 한글 맞춤법은 표준어를 소리 나는 대로 적되, 어법에 맞도록 함을 원칙으로 하고 있다. 표준어를 소리 나는 대로 적는다는 것은 표준어의 발음대로 적는다는 뜻이다.
>
> 그런데 이 원칙만을 적용하기 어려운 경우도 있다. 예를 들어, '꽃(花)'이란 단어의 경우 '꽃', '꽃이', '꽃나무'를 소리대로 적으면 [꼳], [꼬치], [꼰나무]가 되는데, 이와 같이 적으면 그 뜻이 얼른 파악되지 않고 독서의 능률도 크게 떨어질 수 있다. 그래서 '꽃'처럼 형태소의 본 모양을 밝히어 적는 방법, 즉 어법에 맞도록 한다는 또 하나의 원칙이 붙은 것이다.

> <보기>
>
> ㄱ. 거리를 좁히다.
>
> ㄴ. 산 너머로 넘어갔다.

① ㄱ의 '거리'는 표준어를 발음대로 적은 것이다.
② ㄱ의 '좁히다'는 어법에 맞도록 적은 것이다.
③ ㄴ의 '너머'는 형태소의 본 모양을 밝혀 적은 것이다.
④ ㄴ의 '넘어'는 독서의 능률을 올리기 위한 표기이다.

01

정답분석
③ ㄴ의 '너머'는 발음인 [너머]로 적으므로 소리 나는 대로 적는 것이다. 형태소의 본 모양을 밝혀 적는다는 것은 어법에 맞도록 한다는 것이므로 적절하지 않은 설명이다.

02 다음 글을 읽고 추론한 내용으로 적절하지 않은 것은?

> ⊙ 한글 맞춤법 제15항에 따르면 용언의 어간과 어미는 구별하여 적어야 한다. '먹어'를 '머거'로 쓰지 않고, '좋고'를 '조코'로 쓰지 않는 것이 이에 해당한다. 그러나 두 개의 용언이 어울려 한 개의 용언이 될 적에, ⓒ 앞말의 본뜻이 유지되고 있다면 어간과 어미를 구별하여 쓰지만 ⓒ 그 본뜻에서 멀어진 것은 어간과 어미를 밝히어 적지 아니한다. 예를 들어 '늘어나다'의 경우 두 개의 용언 '늘다'와 '나다'가 어울려 한 개의 용언이 된 것인데, 앞말인 '늘다'의 본뜻이 유지되고 있으므로 원형을 밝히어 적는다. 반면 '사라지다'의 경우 앞말인 '살다'의 본뜻에서 멀어졌기 때문에 '살다'의 원형을 밝히어 적지 않는다.

① ⊙은 의미를 쉽게 파악하기 위한 표기라고 할 수 있다.

② '고개를 넘어가다'에서 '넘어'로 적는 것은 ⊙에 해당한다.

③ '격차가 벌어지다'에서 '벌어지다'는 ⓒ에 해당한다.

④ '교실로 들어가다'에서 '들어가다'는 ⓒ에 해당한다.

PART 2 국어 규범

해커스공무원 혜원국어 문법 필기노트

02

정답분석

④ '들어가다'는 두 개의 용언 '들다'와 '가다'가 어울려 한 개의 용언이 된 것으로, 앞말인 '들다'의 본뜻이 유지되고 있어 원형을 밝히어 적고 있는 것으로 ⓒ에 해당한다.

03 다음 글을 읽고 <보기>를 분석한 내용으로 적절하지 않은 것은?

> 접미사가 붙어서 명사나 부사가 만들어질 때 다음과 같은 <한글 맞춤법> 규정의 적용을 받는다.
>
> > **제19항** 어간에 '-이'나 '-음'이 붙어서 명사로 된 것과 '-이'나 '-히'가 붙어서 부사로 된 것은 그 어간의 원형을 밝히어 적는다. 다만 어간에 '-이'나 '-음'이 붙어서 명사로 바뀐 것이라도 그 어간의 뜻과 멀어진 것은 원형을 밝히어 적지 아니한다.
> >
> > [붙임] 어간에 '-이'나 '-음' 이외의 모음으로 시작된 접미사가 붙어서 다른 품사로 바뀐 것은 그 어간의 원형을 밝히어 적지 아니한다.
> >
> > **제20항** 명사 뒤에 '-이'가 붙어서 된 말은 그 명사의 원형을 밝히어 적는다.
> >
> > [붙임] '-이' 이외의 모음으로 시작된 접미사가 붙어서 된 말은 그 명사의 원형을 밝히어 적지 아니한다.

> <보기>
> ㄱ. 날씨가 너무 더워서 얼음이 녹았다.
> ㄴ. 마감 시간에 맞추다.
> ㄷ. 곰곰이 생각에 잠기다.
> ㄹ. 지붕 공사가 한창이다.

① ㄱ의 '얼음'은 제19항이 적용된 것이다.
② ㄴ의 '마감'은 제19항 [붙임]이 적용된 것이다.
③ ㄷ의 '곰곰이'는 제20항이 적용된 것이다.
④ ㄹ의 '지붕'은 제20항 [붙임]이 적용된 것이다.

03

정답분석
③ '곰곰이'는 부사 '곰곰'에 '-이'가 붙어서 된 말로, 제20항이 적용된 것이 아니다.

04 다음 글을 읽고 추론한 내용으로 적절하지 않은 것은?

> 사이시옷은 순우리말로 된 합성어 또는 순우리말과 한자어로 된 합성어로서 앞말이 모음으로 끝난 경우 사잇소리 현상이 일어나면 받치어 적는다. 사잇소리 현상이란 앞말 끝소리에 'ㄴ' 소리가 덧나거나, 앞말 끝소리와 뒷말 첫소리에 각각 'ㄴ' 소리가 덧나거나, 뒷말 첫소리가 된소리로 바뀌는 현상을 일컫는다. '나룻배'의 경우 순우리말인 '나루'와 '배'의 합성어로서 앞말이 모음으로 끝나고 [나루빼]로 뒷말 첫소리가 된소리로 바뀌기 때문에 사이시옷을 받치어 적는 것이다. 한편, '곳간, 셋방, 숫자, 찻간, 툇간, 횟수'는 한자어이지만 사이시옷을 받치어 적는 예외 단어이다.

① '해님'은 순우리말로 구성되어 있지만 사이시옷을 적지 않아야 한다.

② '머리말'은 사잇소리 현상이 일어나지 않으므로 사이시옷을 적지 않아야 한다.

③ '깻잎'은 앞말 끝소리에 'ㄴ' 소리가 덧나므로 사이시옷을 받치어 적어야 한다.

④ '개수'는 예외 단어가 아니므로 사이시옷을 받치어 적지 않는다.

04

정답분석

③ '깻잎'은 순우리말인 '깨'와 '잎'이 결합한 합성어로서 앞말이 모음으로 끝나고 앞말 끝소리와 뒷말 첫소리에 각각 'ㄴ' 소리가 덧나 [깬닙]으로 발음되므로 사이시옷을 받치어 적어야 한다. ③은 앞말 끝소리에 'ㄴ' 소리가 덧난다고 나와 있으므로 적절하지 않은 설명이다.

오답해설

① '해님'은 순우리말인 '해'와 '님'으로 구성되어 있지만 파생어이므로 사이시옷을 적지 않아야 한다.

② '머리말'은 사잇소리 현상이 일어나지 않고 [머리말]로 발음되므로 사이시옷을 적지 않아야 한다.

④ '개수'는 한자어로, 사이시옷을 받치어 적는 예외 단어에 포함되지 않으므로 사이시옷을 받치어 적지 않는다.

05 다음 글을 읽고 추론한 내용으로 적절하지 않은 것은?

> '회상하건대'의 준말로 '회상건대'와 '회상컨대' 중 어떤 것이 적절한 표기일까? 이와 관련된 한글 맞춤법 규정을 살펴보면 쉽게 답을 찾을 수 있다.
>
> > 제40항 어간의 끝음절 '하'의 'ㅏ'가 줄고 'ㅎ'이 다음 음절의 첫소리와 어울려 거센소리로 될 적에는 거센소리로 적는다.
> > [붙임] 어간의 끝음절 '하'가 아주 줄 적에는 준 대로 적는다.
>
> '하'가 줄어드는 기준은 '하' 앞에 오는 받침의 소리인데 '하' 앞의 받침의 소리가 [ㄱ, ㄷ, ㅂ]이면 '하'가 통째로 줄고, 그 외의 경우에는 'ㅎ'이 남는다. 그래서 '회상하건대'는 '하'의 'ㅏ'가 줄고 'ㅎ'이 'ㄱ'과 어울려 거센소리가 되어 '회상컨대'로 적는 것이 적절하다.

① '깨끗하지 않다'는 어간의 끝음절 '하'의 'ㅏ'가 줄기 때문에 '깨끗치 않다'로 써야 한다.

② '연구하도록'은 어간의 끝음절 '하'의 'ㅏ'가 줄기 때문에 '연구토록'으로 써야 한다.

③ '생각하다 못해'는 '하'가 통째로 줄기 때문에 '생각다 못해'로 써야 한다.

④ '답답하지 않다'는 '하'가 통째로 줄기 때문에 '답답지 않다'로 써야 한다.

05

정답분석
① '깨끗하지 않다'에서 '하' 앞에 오는 받침이 [ㄷ]으로 소리 나므로 '하'가 통째로 줄어들어 '깨끗지 않다'로 써야 한다.

오답해설
② '하' 앞에 오는 받침의 소리가 [ㄱ, ㄷ, ㅂ]이 아니므로 '하'가 줄어들 적에 'ㅎ'이 남는다.
③, ④ '하' 앞에 오는 받침의 소리가 [ㄱ]과 [ㅂ]이므로 '하'가 통째로 줄어들어야 한다.

06 다음 글을 참고할 때, 띄어쓰기가 잘못된 문장은?

> 문장의 각 단어는 띄어 씀을 원칙으로 하는데, 조사는 단어이긴 하지만 예외적으로 앞말에 붙여 써야 한다. 보조 용언도 한 단어이므로 띄어 쓰는 것이 원칙이지만 '-아/어'로 연결된 보조 용언의 경우, 또는 보조 용언이 '양하다, 체하다, 척하다, 법하다, 만하다, 듯하다'의 경우 본용언과 붙여 쓰는 것도 허용한다. 다만 이 역시 앞말에 조사가 붙거나, 앞말이 합성 용언인 경우, 그리고 중간에 조사가 들어갈 적에는 그 뒤에 오는 보조 용언은 반드시 띄어 써야 한다.

① 그는 의지할 데가 없는 사람이다.

② 마음이 약해질 대로 약해졌다.

③ 손님들은 먹을 만큼 충분히 먹었다.

④ 이제 믿을 것은 오직 실력 뿐이다.

06

정답분석
④ '뿐'은 체언 뒤에 붙는 조사이므로 앞말에 붙여 써야 한다.

오답해설
① '데'는 관형어 뒤에 붙는 의존 명사이므로 앞말과 띄어 써야 한다.
② '대로'는 관형어 뒤에 붙는 의존 명사이므로 앞말과 띄어 써야 한다.
③ '만큼'은 관형어 뒤에 붙는 의존 명사이므로 앞말과 띄어 써야 한다.

**문장 성분
간의 호용**

1. 주어와 서술어의 호용

01. 여러분에게 당부하고 싶은 것은 일주일에 한 번 이상은 운동을 하시길 바랍니다.

02. 문제는 원래 계획했던 일들을 충실히 수행하지 못했다.

03. 현재의 복지 정책은 앞으로 손질이 불가피할 전망입니다.

04. 현실성 없는 복지 정책은 재고해야 한다.

2. 목적어와 서술어의 호용

01. 자기의 장점과 단점을 보완하는 사람이 성공할 수 있다.

02. 지구 온난화 현상의 문제점과 대안을 마련한다.

문장 성분 간의 호용 <정답>
[1. 주어와 서술어의 호용]   01 여러분에게 당부하고 싶은 것은 일주일에 한 번 이상은 운동을 하시라는 것입니다(사실입니다).   02 문제는 원래 계획했던 일들을 충실히 수행하지 못했다는 점이다.   03 현재의 복지 정책은 앞으로 손질이 불가피할 것으로 전망됩니다. / 현재의 복지 정책은 앞으로 손질이 불가피할 것으로 전문가들은 전망합니다.   04 현실성 없는 복지 정책은 재고되어야 한다.
[2. 목적어와 서술어의 호용]   01 자기의 장점을 살리고 단점을 보완하는 사람이 성공할 수 있다.   02 지구 온난화 현상의 문제점을 파악하고 대안을 마련한다.

3. 부사어와 서술어의 호응

01. 열심히 공부한 동수가 대학에 합격한 것은 결코 우연한 일이었다.

02. 이런 부작용에 대해서는 절대로 미리 알려 주어야 합니다.

03. 왜냐하면 한국이 빠른 속도로 경제적 발전을 이루었다는 것이다.

심화 학습 서술어와 호응하는 말

당위의 서술어	'당연히, 마땅히, 모름지기, 반드시' + '~해야 한다'
부정의 서술어	'결코 ~ 아니다', '별로 ~지 않다', '전혀 ~ 없다/아니다', '절대로 ~없다/않다/~해서는 안된다', '여간 ~지 않다'
의문의 형태	'도대체, 설마, 행여' + '~ㄹ까'
가정의 형태	'만약/만일 ~더라도/-던', '비록 ~지라도/-지만/~더라도/~어도', '아무리(혹시) ~도/~더라도'
반의적 호응	'뉘라서 ~(으)ㄹ 것인가?', '하물며 ~랴'
추측적 호응	'아마(틀림없이) ~ㄹ 것이다'

4. 수식어와 피수식어의 호응

01. 오늘은 어김없이 비가 오는 날인데도 그는 외출을 했다.

02. 한결같이 어려운 이웃을 돕는 사람들이 많습니다.

문장 성분 간의 호응 <정답>
[3. 부사어와 서술어의 호응] 01 열심히 공부한 동수가 대학에 합격한 것은 결코 우연한 일이 아니었다. 02 이런 부작용에 대해서는 반드시 미리 알려 주어야 합니다. 03 왜냐하면 한국이 빠른 속도로 경제적 발전을 이루었기 때문이다.
[4. 수식어와 피수식어의 호응] 01 오늘은 비가 오는 날인데도 그는 어김없이 외출을 했다. 02 어려운 이웃을 한결같이 돕는 사람들이 많습니다.

PART 2 국어 규범 / 해커스공무원 혜원국어 이해쏙쏙 문법 필기노트

문장 성분의 생략

1. 주어가 생략된 경우

01. 문학은 다양한 삶의 체험을 보여 주는 예술의 장르로서 문학을 즐길 예술적 본능을 지닌다.
02. 본격적인 공사가 언제 시작되고, 언제 개통될지 모른다.

2. 목적어가 생략된 경우

01. 난간에 기대거나 넘지 마시오.
02. 그는 세계적으로 유명한 인물이고, 동경하는 사람도 많다.

3. 부사어가 생략된 경우

01. 할아버지께서는 기분이 좋으셨는지 용돈을 듬뿍 주셨다.
02. 인간은 환경을 지배하기도 하고, 때로는 순응하면서 산다.

문장 성분의 생략 <정답>
[1. 주어가 생략된 경우] 01 문학은 다양한 삶의 체험을 보여 주는 예술의 장르로서, 인간은 문학을 즐길 예술적 본능을 지닌다. 02 본격적인 공사가 언제 시작되고, 도로가 언제 개통될지 모른다.
[2. 목적어가 생략된 경우] 01 난간에 기대거나 난간을 넘지 마시오. 02 그는 세계적으로 유명한 인물이고, 그를 동경하는 사람도 많다.
[3. 부사어가 생략된 경우] 01 할아버지께서는 기분이 좋으셨는지 우리들에게 용돈을 듬뿍 주셨다. 02 인간은 환경을 지배하기도 하고, 때로는 환경에 순응하면서 산다.

문장 구조의 호응

1. 병렬 구조

01. 이 우유는 맛과 영양가가 높다.

02. 환경 보존에 대한 인식의 변화와 관심이 높아지고 있다.

03. 저희의 결혼을 축복과 축하해 주셔서 감사합니다.

04. 형은 무엇보다 먹는 것을 좋아하고 나의 취미는 축구이다.

문장 구조의 호응 <정답>
[1. 병렬 구조] **01** 이 우유는 맛이 좋고 영양가도 높다. **02** 환경 보존에 대한 인식이 변화하고 있고 그에 대한 관심도 높아지고 있다. **03** 저희의 결혼을 축복하고 축하해 주셔서 감사합니다. **04** 형은 무엇보다 먹는 것을 좋아하고 나는 노는 것을 좋아한다.

문장의 중의성

1. 수식 범위에 따른 중의성

01. 점원은 웃으면서 들어오는 손님을 맞이했다.

2. 부정 표현에 따른 중의성

01. 나는 어제 버스를 타지 않았다.

02. 사람들이 아직 다 오지 않았다.

3. 조사 '와/과'의 연결 관계에 따른 중의성

01. 어머니께서 사과와 귤 두 개를 주셨다.

02. 나는 어제 예지와 철수를 만났다.

4. 비교 구문의 중의성

01. 남편은 나보다 게임을 더 좋아한다.

문장의 중의성 <정답>
[1. 수식 범위에 따른 중의성] 01 점원은 웃으면서, 들어오는 손님을 맞이했다. / 점원은, 웃으면서 들어오는 손님을 맞이했다.
[2. 부정 표현에 따른 중의성] 01 나는 어제 버스를 타지 않고 택시를 탔다. / 나는 어제 버스를 타지 않고 오늘 탔다. / 나는 어제 버스를 타지 않고 세우기만 했다. / 나는 어제 버스를 타지 않았고, 다른 사람이 버스를 탔다. 02 사람들이 아직 다 오지는 않았다. / 사람들이 아직 아무도 오지 않았다.
[3. 조사 '와/과'의 연결 관계에 따른 중의성] 01 어머니께서 사과 한 개와 귤 한 개를 주셨다. / 어머니께서 사과 한 개와 귤 두 개를 주셨다. / 어머니께서 사과와 귤을 각각 두 개씩 주셨다. 02 나는 어제 예지와 함께 철수를 만났다. / 나는 어제 예지와 함께 있는 철수를 만났다. / 나는 어제 예지를 만나고, 그 다음에 철수를 만났다.
[4. 비교 구문의 중의성] 01 남편은 내가 게임을 좋아하는 것보다 게임을 더 좋아한다. / 남편은 나를 좋아하기보다는 게임을 더 좋아한다.

5. '의'를 포함한 명사구의 중의성

01. 탁자 위에 할머니의 그림이 놓여 있었다.

어휘의
적절한 사용

1. 어휘의 적절한 사용

01. 나는 승진을 빌미로 더욱 노력할 것이라고 다짐했다.

02. 입찰을 하려면 보증금을 국고에 수납해야 합니다.

03. 감염을 막기 위해 예방 접종을 맞았다.

04. (직원이 신청서를 내려는 민원인에게) 등본 신청서는 4번 창구에서 접수하십시오.

05. 축배를 터뜨리며 함께 우승의 기쁨을 나누었다.

06. 아내는 칠칠하게 지갑을 자주 잃어버렸다.

문장의 중의성 <정답>
[5. '의'를 포함한 명사구의 중의성] 01 탁자 위에 할머니께서 그리신 그림이 놓여 있다. / 탁자 위에 할머니가 소유한 그림이 놓여 있다. / 탁자 위에 할머니를 그린 그림이 놓여 있다.
어휘의 적절한 사용 <정답>
01 나는 승진을 계기로 더욱 노력할 것이라고 다짐했다. 02 입찰을 하려면 보증금을 국고에 납부해야 / 내야 합니다. 03 감염을 막기 위해 예방 접종을 했다. / 감염을 막기 위해 예방 주사를 맞았다. 04 등본 신청서는 4번 창구에 제출하십시오. / 내십시오. 05 축배를 들며 / 축포를 터뜨리며 함께 우승의 기쁨을 나누었다. 06 아내는 칠칠하지 못하게 지갑을 자주 잃어버렸다.

불필요한 문장 성분의 사용

1. 단어의 반복 사용

01. 정의란, 악인을 벌하는 것이 정의이다.

02. 이 작품은 젊은 시절 작가의 경험이 충분히 녹아 있는 작품이다.

2. 의미의 중복 지양

01. 요즘 같은 때에는 공기를 자주 환기해야 감기에 안 걸리는 거야.

02. 방학 기간 동안 축구를 실컷 했다.

03. 모두 자리에 착석하시기 바랍니다.

심화 학습 의미가 중복된 표현

가까운 근방	겪은 경험	계속 속출	과반수 이상
긴 장대	날조된 조작극	남은 여생	넓은 광장
높은 고온	다시 복습	담임을 맡다	더러운 누명
따뜻한 온정	형부터 먼저	모두 다	미리 예비
분 가루	새신랑	서로 상충	쓰이는 용도
앞으로 전진	어린 소녀	역전 앞	완전히 전멸
옥상 위	오로지 너만	음모를 꾸미다	이름난 명산
죽은 시체	처갓집	축구를 차다	투고한 원고
푸른 창공	혼자 독학	도보로 걷다	사람마다 각각

불필요한 문장 성분의 사용 <정답>
[1. 단어의 반복 사용] 01 정의란, 악인을 벌하는 것이다. / 악인을 벌하는 것이 정의이다.   02 이 작품은 젊은 시절 작가의 경험이 충분히 녹아 있다.
[2. 의미의 중복 지양] 01 요즘 같은 때에는 자주 환기해야 감기에 안 걸리는 거야. / 요즘 같은 때에는 공기를 자주 바꿔 주어야 감기에 안 걸리는 거야.
02 방학 동안 축구를 실컷 했다.   03 모두 착석하시기 바랍니다. / 모두 자리에 앉아 주시기 바랍니다.

문법 요소의 적절한 사용

1. 어미 사용의 적절성

01. 오다가 가게에 들러서 계란 좀 사오렴.

02. 집에 오자마자 그는 기름때에 절은 작업복을 벗었다.

03. 문제에 알맞는 답을 고르시오.

04. 아버님. 올해도 건강하세요.

05. 지정된 구역 외의 주차를 삼가해 주시기 바랍니다.

문법 요소의 적절한 사용 <정답>
[1. 어미 사용의 적절성] 01 오다가 가게에 들러서 계란 좀 사오렴. 02 집에 오자마자 그는 기름때에 전 작업복을 벗었다. 03 문제에 알맞은 답을 고르시오. 04 아버님, 올해도 건강하게 지내세요. 05 지정된 구역 외의 주차를 삼가 주시기 바랍니다.

번역 투 표현

1. 영어 번역 투 표현

01. 현실을 고려에 넣는다면 그렇게 무리한 계획을 세워서는 안 된다.

02. 이 사업은 초기에 집중적인 투자를 필요로 한다.

03. 호랑이는 가장 위험한 육식 동물 중의 하나이다.

04. 우리 모두 내일 오전 10시에 회의를 갖도록 하자.

05. 우리 학원은 노량진역 근처에 위치하고 있습니다.

번역 투 표현 <정답>
[1. 영어 변역 투 표현] 01 현실을 고려한다면 그렇게 무리한 계획을 세워서는 안 된다.   02 이 사업은 초기에 집중적인 투자가 필요하다.   03 호랑이는 가장 위험한 육식 동물이다.   04 우리 모두 내일 오전 10시에 회의하자. / 우리 모두 내일 오전 10시에 회의를 하도록 하자.   05 우리 학원은 노량진역 근처에 있습니다.

2. 일본어 번역 투 표현

01. 그 사람은 선각자에 다름 아니다.

02. 학생 회의에 있어서 진지하게 참여하는 것이 중요합니다.

번역 투 표현 <정답>
[2. 일본어 번역 투 표현] 01 그 사람은 선각자나 다름없다. / 그 사람은 선각자라 할 만하다.   02 학생 회의에 진지하게 참여하는 것이 중요합니다.

📑 기출 문제 풀이로 핵심 포인트

다음 중 맞으면 ○, 틀리면 X 표시하시오.

01. '이 여론조사 결과는 현재 무엇을 시급히 개선해야 한다는 점을 말해주고 있다'는 어법에 맞는 문장이다.

02. '불필요한 기능은 빠지고 필요한 기능만 살렸다'는 어법에 맞는 문장이다.

03. '버스 안에 탄 승객은 우리와 자매결연을 맺은 분들이다'에서 의미의 중복이 나타난다.

04. '이곳을 마음대로 출입하거나 쓰레기를 무단으로 투기하는 행위는 법에 저촉되오니 삼가주시기 바랍니다'는 문장 성분의 호응이 자연스럽다.

정답 01 X ('무엇을'은 '하나는/하는가'와 같은 의문형 서술어와의 호응한다)   02 X ('주어+서술어, 목적어+서술어'의 구조이므로 호응이 맞지 않다)   03 ○   04 X ('투기하다'는 '~에'라는 부사어를 필요로 하기 때문에 문장 성분이 생략이 되어 호응이 자연스럽지 않다)

01 <공공언어 바로 쓰기 원칙>에 따라 <공문서>의 ⊙~②을 수정한 것으로 적절하지 않은 것은?

9급 출제기조 전환 예시 문제(1차)

<공공언어 바로 쓰기 원칙>

• 중복되는 표현을 삼갈 것.

• 대등한 것끼리 접속할 때는 구조가 같은 표현을 사용할 것.

• 주어와 서술어를 호응시킬 것.

• 필요한 문장 성분이 생략되지 않도록 할 것.

<공문서>

한국의약품정보원

수신: 국립국어원

(경유)

제목: 의약품 용어 표준화를 위한 자문회의 참석 ⊙ 안내 알림

1. ⓒ 표준적인 언어생활의 확립과 일상적인 국어 생활을 향상하기 위해 일하시는 귀원의 노고에 감사드립니다.

2. 본원은 국내 유일의 의약품 관련 비영리 재단법인으로서 의약품에 관한 ⓒ 표준 정보가 제공되고 있습니다.

3. 의약품의 표준 용어 체계를 구축하고 ② 일반 국민도 알기 쉬운 표현으로 개선하여 안전한 의약품 사용 환경을 마련하기 위해 자문회의를 개최하니 귀원의 연구원이 참석해 주시기를 바랍니다.

① ⊙: 안내

② ⓒ: 표준적인 언어생활을 확립하고 일상적인 국어 생활의 향상을 위해

③ ⓒ: 표준 정보를 제공하고 있습니다.

④ ②: 의약품 용어를 일반 국민도 알기 쉬운 표현으로 개선하여

01

정답분석

② '대등한 것끼리 접속할 때는 구조가 같은 표현을 사용할 것'이라는 원칙에 따라 연결 어미 '-고'나 조사 '와/과'로 연결된 앞뒤 내용의 구조가 같아야 한다. ⓒ을 보면 연결 어미 '-고'를 기준으로 앞의 내용인 '표준적인 언어생활을 확립하다'는 절의 형태로 나타나는 반면 뒤의 내용인 '일상적인 국어 생활의 향상'은 구의 형태로 나오고 있다. 이는 대등한 것끼리 접속할 때 구조가 같은 표현이 사용된 것이 아니므로 적절하지 않다.

오답해설

① '안내'와 '알림'은 어휘의 의미가 중복되므로 '알림'을 삭제하는 것이 적절하다.

③ 주어인 '본원은'과 호응하는 서술어는 '제공되다'가 아닌 '제공하다'이므로 목적어를 추가하여 '표준 정보를 제공하다'로 바꾸는 것이 적절하다.

④ 서술어 '개선하다'는 주어, 목적어, 부사어 ('-가 -을 -로')를 요구하는 세 자리 서술어이므로 생략된 문장 성분인 목적어를 포함하는 것이 적절하다.

02 <공공언어 바로 쓰기 원칙>에 따라 수정한 것으로 적절하지 않은 것은?

<공공언어 바로 쓰기 원칙>

• 주어와 서술어의 호응
  - ㉠ 능동과 피동의 관계를 정확하게 사용함.

• 여러 뜻으로 해석되는 표현 삼가기
  - ㉡ 중의적인 문장을 사용하지 않음.

• 명료한 수식어구 사용
  - ㉢ 수식어와 피수식어의 관계를 분명하게 표현함.

• 대등한 구조를 보여 주는 표현 사용
  - ㉣ '- 고', '와/과' 등으로 접속될 때에는 대등한 관계를 사용함.

---

① '이번 총선에서 국회의원 ○○○명을 선출되었다.'를 ㉠에 따라 '이번 총선에서 국회의원 ○○○명이 선출되었다.'로 수정한다.

② '시장은 시민의 안전에 관하여 건설업계 관계자들과 논의하였다.'를 ㉡에 따라 '시장은 건설업계 관계자들과 시민의 안전에 관하여 논의하였다.'로 수정한다.

③ '5킬로그램 정도의 금 보관함'을 ㉢에 따라 '금 5킬로그램 정도를 담은 보관함'으로 수정한다.

④ '음식물의 신선도유지와 부패를 방지해야 한다.'를 ㉣에 따라 '음식물의 신선도를 유지하고, 부패를 방지해야 한다.'로 수정한다.

02

정답분석

② '시장은 건설업계 관계자들과 시민의 안전에 관하여 논의하였다'는 '시장이 건설업계 관계자들과 함께 시민의 안전에 관하여 논의하였다.'는 의미와 '시장이 건설업계 관계자들의 안전과 시민의 안전에 관하여 논의하였다'는 의미로 중의적으로 해석되므로 적절하지 않은 문장이다. 여러 뜻으로 해석되는 것을 방지하기 위해서는 기존 문장인 '시장은 시민의 안전에 관하여 건설업계 관계자들과 논의하였다'를 유지하는 것이 적절하다.

오답해설

① '선출되다'는 피동 접사 '-되다'가 붙어서 만들어진 피동사이므로 목적어가 아닌 주어와 호응한다. 그러므로 '○○○명을 선출되다'가 아닌 '○○○명이 선출되다'가 적절하다.

③ '5킬로그램 정도의 금 보관함'은 금이 5킬로그램인지 보관함이 5킬로그램인지 명확하지 않다. 그러므로 수식어와 피수식어 관계를 명확하게 '금 5킬로그램 정도를 담은 보관함'으로 수정하는 것이 적절하다.

④ '와'로 연결되는 앞의 내용인 '음식물의 신선도 유지'는 구의 형태, 뒤의 내용인 '부패를 방지해야 한다'는 절의 형태이므로 대등한 구조가 아니다. 이를 '음식물의 신선도를 유지하고, 부패를 방지해야 한다'로 수정하면 절과 절의 구조로 접속되므로 적절하다.

해커스공무원

황진선
이해국어
문법 필기노트

초판 1쇄 발행 2024년 9월 6일

지은이	황진선
펴낸곳	해커스패스
펴낸이	해커스공무원 출판팀

주소	서울특별시 강남구 강남대로 428 해커스공무원
고객센터	1588-4055
교재 관련 문의	gosi@hackerspass.com
	해커스공무원 사이트(gosi.Hackers.com) 교재 Q&A 게시판
	카카오톡 플러스 친구 [해커스공무원 노량진캠퍼스]
학원 강의 및 동영상강의	gosi.Hackers.com

ISBN	979-11-7244-135-7 (13710)
Serial Number	01-01-01

공무원 교육 1위,
해커스공무원 gosi.Hackers.com

해커스공무원

· 정확한 성적 분석으로 약점 극복이 가능한 **합격예측 온라인 모의고사**(교재 내 응시권 및 해설강의 수강권 수록)
· 필수 어휘와 사자성어를 편리하게 학습할 수 있는 **해커스 매일국어 어플**
· 해커스 스타강사의 **공무원 국어 무료 특강**
· **해커스공무원 학원 및 인강**(교재 내 인강 할인쿠폰 수록)